Filmmakers ⑲ | ギジェルモ・デル・トロ | 大森 望 [責任編集]

Guillermo del Toro

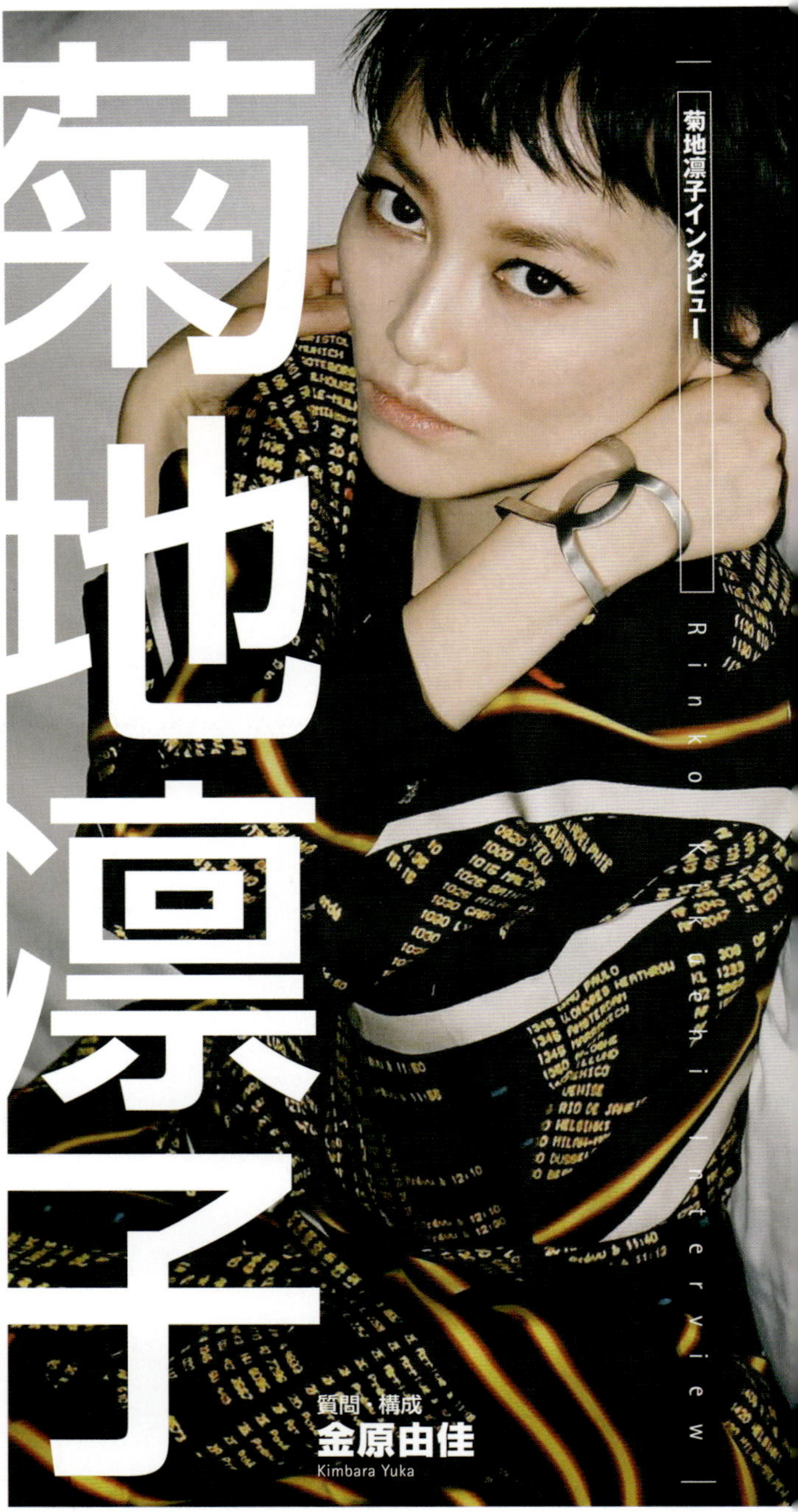

菊地凛子

質問・構成
金原由佳
Kimbara Yuka

——ギジェルモ・デル・トロ監督との出会いは、菊地凛子さんが出演した『バベル』(2006)のアレハンドロ・ゴンサレス・イニャリトゥ監督による紹介だと聞いております。初対面での会話で深く印象に残っていることはなんでしょうか?

「オスカーシーズンの時に、ちょうどギジェルモ監督は『パンズ・ラビリンス』で、私たちは『バベル』で色々な国や場所で顔を合わせていました。私はその当時、会話もろくに出来ずにいたのですが、自分をトトロと呼んでと言って、ものすごく愛情深い笑顔で近づいてきてくださったのが、とても印象に残っています。ギジェルモ・デル・トロ、アレハンドロ・ゴンサレス・イニャリトゥ、そしてアルフォンソ・キュアロンの三人のメキシコ人監督たちからは、私がとても子供に映ったと思います。事実、何も知らない、英語もできなかった私は生き馬の目を抜くハリウッドのエンタメ界の中でその三人に守られたから、約一年間のオスカー・プロモーションを無事に終

僕をトトロと呼んでと言って笑顔で近づいてきてくださった

えられたと言っても過言ではありません」

――二〇〇六年の時点で、菊地さんからギジェルモ監督の作品に出たいと申し出たと聞いておりますが、その出会いから八年後、『パシフィック・リム』の森マコ役という形でレスポンスが返ってきたときの感想を教えてください。

「ちゃんと自分の口から、ギジェルモ監督と作品を一緒にやりたいということをどうしても伝えたくて、二〇〇七年二月二十七日のアカデミー賞の授賞式の時に伝えたのを覚えています。その時も、屈託のない笑顔で、『勿論!』と言ってくれたのを信じて待っていて良かったと思っています」

――『パシフィック・リム』の最初の打ち合わせの時、菊地さんはオーディションだと思って行ったと聞いておりますが、実際にはすぐにカメラテストで、演出もあったと聞いておりますが。

「ギジェルモ監督が『パシフィック・リム』のオーディションをしているという情報があり、彼にオーディションを受けたいというメールを送りました。すぐに一部のシーンのスクリプトを頂き、トロントに入りました。スクリプトにはとてもテクニカルワードが多く、しかもそれを貰ってすぐにトロントに入らないと行けないスケジュールになってしまい、私は緊張から高熱を出してしまい、必死にトロントに向かったのを覚えています。オーディション会場に着いてすぐに久し振りの再会を喜んで、ギジェルモ監督からカフェでアイスを食べるように勧められて、この後にオーディションがあるとは思えないようなスタートでした。その時に、『身体を鍛えないといけないこと、武術があること、そしてパイロットとしての技術も非常に必要であることから、長い期間、トレーニングをして貰わないといけないが、そこは、覚悟はあるかな?』と聞かれました」

――具体的にオーディションではどのようなシークエンスの演出がなされたのでしょうか?

「実際にやったシーンは、ローリー・ベケット役のチャーリー・ハナムとのやり取りだったと思いますが、後の劇中シーンにはなかった場面だったと記憶しています。カメラのレンズ位置がとても顔に寄った場所に置かれていて、その横で演出をしてくれました。私はメイクをして行かなかったことも気になって何度か台詞を間違えたのですが、『緊張しなくていいから、普段の凛子のままでやりなさい』と言われて、何度か挑戦させて貰いました。通常、映画のオーディションはとてもシビアなので、監督にその場で演出をされ、なおかつ何度も挑戦させて貰えるのは本当に稀なことだったと思います。その時彼は、『映画を作るのは僕だけじゃないから、こういうカメラテストが必要なんだ』と言っていました。この時点ですでに、彼がマコというキャラクターをすごく大事にしているのが物凄く伝わり、『こんなにもギジェルモ監督が大事にしているキャラクターを本当に演じる事が出来たら、どんな事でも引き受けよう』と思うほど、彼からの強い情熱を感じる瞬間でした。それは、ただのオーディションや、カメラテストではありませんでした」

――マコを演じるにあたって、例えば『シェイプ・オブ・ウォーター』における『大アマゾンの半魚人』のような、具体的な参考文献や映像資料、イメージとなる映画のタイトルなどの提示はありましたでしょうか?

「マコを演じるにあたって、マコの長所、短所、好きな言葉、嫌いな人、歴史、背景、トラウマ、過去の小さな失敗など、ユーモラスに書かれた細かいキャラクターのアイデアをギジェルモ監督から貰いました。映画のタイトル等は出て来ていませんでした。マコのビジュアルは、すでにギジェルモ監督の頭にあって、髪型へも細かく、何度もギジェルモ監督自身が指示を入れて、眉毛の形、眉毛の一本一本の位置や、前髪の位置、とにかくあらゆる面で細かな指示がスタッフに飛んでいました」

――演出において、ギジェルモ監督は粘る方ですか？　それとも、テイク1など鮮度を大切にする監督でしょうか？　ヴィジュアル面でのこだわりはあるのはもちろんのこと、演出面でかなりこだわっていたなと感じた局面、或いは場面があれば教えてください。

「とても粘る監督だと思います。納得がいかなければ、次の日の宿題になります。マコとチャーリーの上司のスタッカー・ペンタコスト（イドリス・エルバ）が再びパイロットとして現れるシーンや、ローリーが過去のトラウマを吐露するシーンなどは、役者の感情を優先させつつ、粘って、粘って、何度も何度も繰り返します。ヴィジュアルにもこだわりますが、本当に起きてる、それが今まさに行われているというリアリティーも同時に追求する人です。なので、怪獣と戦う場面でのイェーガーのコクピットは実際に役者への負荷は半端なく作られていて、肉体を鍛え上げている人たちでさえも、実際、ものすごく苦労して操縦しています。スーツも重さも、操縦室の動きや負荷も、ほぼ実際の戦闘なのだと思うほどでした」

――ＳＦという設定上、合成用のブルーバックを背景とした撮影が多かったとは思うのですが、戦闘ロボットであるイェーガー内のコクピットなどはセットが組まれたと聞いております。美術監督のアンドリュー・ネスコロムニー、キャロル・スピアの仕事ぶりをどうご覧になりましたか？

「イェーガーの頭の部分のコクピットは実寸大の大きさで造られていました。ビル四階分くらいの高さと大きさで、実際に、ハードに動くように作られていました。戦闘シーンの時は、大量の水と火の粉を浴びせられながら、四階の高さから地上に叩きつけられるような動きをしたり、とにかくリアルさにこだわっていました。そのスケールには本当に圧倒させられました」

――ギジェルモ監督の作品には『ヘルボーイ』のように永遠の男の子の魂を入れ込んだ作品もあれば、『パンズ・ラビリンス』や『シェイプ・オブ・ウォーター』のように少女期の心の傷を色濃く入れ込んだ系譜があります。特に『パシフィック・リム』で凛子さんが演じられたマコは少女のトラウマを体現する役で、傷ついた少女がいかに葛藤して、強い女性へと再生するのか、『シェイプ・オブ・ウォーター』に至る萌芽を見つけることができます。実際、撮影期間中に、ギジェルモ監督のあの大きな体の中に棲みつく「傷ついた女の子」のイマジネーションの素を感じた瞬間を教えて頂けないでしょうか？

「ギジェルモ監督は他者への理解が心底深い人だと思います。モンスターを愛するのもそこなのかなと。歪んでいたり、脆かったり、欠けていたり、足りなかったり、不完全なものを心底愛する事ができて、そここそに、生きるものとしての本当の意味での宝物のような、輝きを見つけてあげられる人なのだと思います。口も悪くて、怒るととても怖いけれど、愛情深くて、情熱的で、少しでも彼を知ったら、本当に彼のことが大好きになります」

――再びギジェルモ監督と組む機会があるとしたら、どのような作品でタッグを組みたいと思いますか？

「どんな作品でもご一緒したいです。でも、ホラーがやりたいとずっと言っていたので、幽霊役とかもいいですね！」

菊地凛子

1981年神奈川県生まれ。96年新藤兼人監督『生きたい』で映画デビュー。2007年『バベル』でアカデミー助演女優賞ノミネート。以後内外の作品に数多く出演。デル・トロ作品では『パシフィック・リム』とその続編『パシフィック・リム／アップライジング』に出演。

写真：Everett Collection／アフロ

写真：Collection Christophel／アフロ

Pan's Labyrinth, 2004
パンズ・ラビリンス

The Shape of Water, 2017

シェイプ・オブ・ウォーター

The Devil's Backbone, 2001

デビルズ・バックボーン

写真：Album／アフロ

Blade II, 2001

ブレイド2

写真：Album／アフロ

Crimson Peak, 2015
クリムゾン・ピーク

Cronos, 1993
クロノス

Hellboy, 2004
ヘルボーイ

Hellboy II: The Golden Army, 2008
ヘルボーイ / ゴールデン・アーミー

写真：Photofest／アフロ

Mimic, 1997

ミミック

写真：Everett Collection／アフロ

The Strain, 2014-2017
ストレイン／沈黙のエクリプス

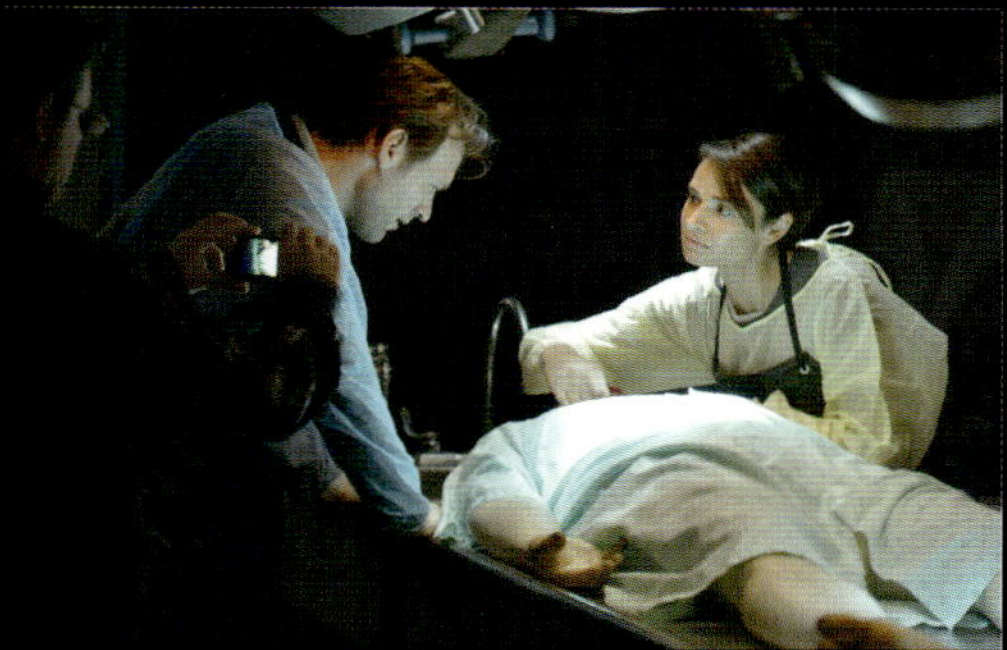

Pacific Rim: Uprising, 2018
パシフィック・リム／アップライジング

The Orphanage, 2004

永遠のこどもたち

Rise of the Guardians, 2012

ガーディアンズ 伝説の勇者たち

Splice, 2009
スプライス

ホルヘ・R・グッティレッツ監督(右)とプロデューサーのデル・トロ

The Book of Life, 2014
ブック・オブ・ライフ ～マノロの数奇な冒険～

Don't be Afraid of the Dark, 2010
ダーク・フェアリー

Puss in Boots, 2011
長ぐつをはいたネコ

Kung Fu Panda 2, 2011
カンフー・パンダ2

Kung Fu Panda 3, 2016
カンフー・パンダ3

Filmmakers 19 **Guillermo del Toro**

ギジェルモ・デル・トロ

Filmmakers 19

フィルムメーカーズ⑲ギジェルモ・デル・トロ

CONTENTS

「フィルムメーカーズ」刊行にあたって

「フィルムメーカーズ」シリーズは、映画の作り手の中心となる映画作家の魅力を掘り下げて、一人一冊の形で取り上げていくものです。

「フィルムメーカー」という呼び名は、1970年代のアメリカで、改めて新世代の映画監督が注目され、フランシス・コッポラ、ジョージ・ルーカス、スティーヴン・スピルバーグなどが台頭したころからポピュラーになった言葉です。

彼らは主に大学で映画を学び、過去の映画を研究して商業性と作家性とを兼ね備えた映画を作ろうと、そのキャリアをスタートさせました。

フランスのヌーヴェル・ヴァーグや過去のハリウッド映画、日本映画に深い影響を受けています。

「フィルムメーカー」という名称には、映画の作り手として、監督業に限らず自分で脚本を書き、時にはプロデュース、製作総指揮なども手がけるなど総合的な映画作家という意味も込められています。

このシリーズ第二期では、21世紀以降にデビューした新しい世代の映画作家を中心に、あらゆる世代に人気のある映画作家を取り上げます。 また、新シリーズは映画作家の伝記的事実にも注目し、ライフストーリーを掲載するのが特徴と言えます。 執筆陣も充実させ、作家、ライター、映画評論家などによるコラムや批評、インタビュー記事などで、映画作家の実像に迫ります。

※表記について
本書では、ギジェルモをはじめ、スペイン語圏の人名表記を原語に近づけるように努めました。 そのため、従来のデータベースの表記と食い違ったところもありますが、ご了承ください。

Filmmakers 19 **Guillermo del Toro**

foreword

世界映画を席巻するディープなオタク監督

大森 望
Ohmori Nozomi

Guillermo del Toro。一九六四年、メキシコ第二の都市グアダラハラに生まれ、映画とコミックとアニメと特撮とホラーとSFをこよなく愛して育ったディープなオタク監督が、いま、世界映画を席巻している。

作品に共通する特徴は、人間ならざるもの（モンスター）に対する限りない共感と愛情、そして研究心。従来ならB級のジャンルムービーとしてかたづけられがちだったモンスター映画に、デル・トロはオタクらしからぬ繊細な語り口と細やかな描写、豊かな感情表現をつけくわえ、幅広く受け入れられることに成功した。

なにしろ、半魚人との恋を描く『シェイプ・オブ・ウォーター』でアカデミー賞の作品賞と監督賞（プラス美術賞と音楽賞）、それにゴールデングローブ賞の監督賞を獲得したのだから、映画業界における評価の高さは推して知るべし。もちろん、『シェイプ・オブ・ウォーター』は突然生まれたわけではなく、デル・トロが敬愛するマイク・ミニョーラの原作を映画化した『ヘルボーイ』と『ヘルボーイ／ゴールデン・アーミー』のすばらしくボンクラなラブコメ成分があればこそ。極論すれば、同じダグ・ジョーンズが演じたエイブ・サピエン（ヘルボーイの相棒の半魚人）を主役に起用したスピンオフ作品に見えなくもない。

その『シェイプ・オブ・ウォーター』よりも早く、アカデミー賞三部門（撮影、美術、メイクアップ）、全米映画批評家協会賞作品賞などを獲得して、デル・トロの評価を一気に高めたのが、オリジナル脚本のシリアスなファンタジー映画『パンズ・ラビリンス』（06）だった。こちらは、スペイン内乱を題材に撮った低予算のジェントル・ゴースト・ストーリーもの『デビルズ・バックボーン』（01）の主人公を少年から少女へと置き換えたような、かぎりなく切なく美しい幻想譚。デル・トロ版『千と千尋の神隠し』

とも評されている。地下に異世界が広がるイメージは、デル・トロのハリウッド・デビュー作となったモンスター映画『ミミック』や、吸血鬼映画『ブレイド2』、ドラマ『ストレイン／沈黙のエクリプス』とも重なる。

現実世界と異世界（幻想世界）にまたがる両義的な存在がつねに映画の中核にあるのも特徴で、霊による警告というモチーフに注目すれば、やはり地下があるゴシックホラー『クリムゾン・ピーク』は、場所と時代は違うものの、『デビルズ・バックボーン』の語り直しのようにも見える。

ともにコミックが原作の『ヘルボーイ』と『ブレイド2』は、ともに人間ならざる存在でありながら人間の側について戦う両義的な（デビルマン的な）ヒーローが描かれる。『パシフィック・リム』では、ニーチェの警告に反して、〝Kaijuと戦う者はKaijuになる〟（怪獣の脳とドリフトする）ことを求められるが、この映画のデル・トロは、イェーガー乗りたち以上に、チャーリー・デイとバーン・ゴーマン演じる凸凹怪獣博士コンビに感情移入しているように見える。デル・トロにとって怪獣は倒すべき存在ではなく、愛し、研究し、コレクションすべき対象なのである（そういえば、対談でお邪魔した樋口真嗣氏の仕事場には、「パシフィック・リム」の怪獣たちのアクションフィギュアがコレクションされて、ずらりと陳列されていた）。

そのデル・トロが集めた膨大な資料や蘊蓄、メモ、スケッチ類は、「ギレルモ・デル・トロ 創作ノート 驚異の部屋」や「ギレルモ・デル・トロの怪物の館」をはじめとする大判の豪華本にまとめられ、DU BOOKSから何冊も翻訳刊行されているが、日本でこれだけ人気が高い監督のわりに、デル・トロにテーマを絞ったコンパクトな映画ガイドはこれまで存在しなかった。本書は、二〇一九年に復活した《フィルムメーカーズ》の一冊としてデル・トロをとりあげ、監督自身の談話と、「パシフィック・リム」女優・菊地凛子氏のインタビューから、デル・トロと同世代の仲間でありライバルでもある樋口真嗣氏のロングインタビュー、美術監督種田陽平氏のインタビュー、ライフストーリー、作品論、デル・トロ用語事典、詳細なフィルモグラフィなど、デル・トロのすべてをぎゅっと凝縮してお届けする。

私事ながら、ぼくもデル・トロとはほぼ同世代。九七年にたまたまサンフランシスコのジャパンタウンの映画館で『ミミック』を見てファンになり、その後、たまたま縁があって、デル・トロがチャック・ホーガンと合作した長編三部作の第一作「沈黙のエクリプス」（ドラマ『ストレイン／沈黙のエクリプス』の原作）を翻訳したが、今回この本の責任編集に関われたことは望外の喜びだった。本書を手がかりに、新たなデル・トロ中毒者が増殖することを祈りたい。

巻頭言
大森 望

Life Story

ライフストーリー

てんびん座のバランス感覚に由来する天才

添野知生

Soeno Chise

ギジェルモ・デル・トロは自作の登場人物の性格を考えるとき、かならず先に誕生日と星座を決め、それをもとに性格を作り上げていくという。それに従えばデル・トロ本人はてんびん座なのだが、それは何かを意味しているのだろうか。

ギジェルモ・デル・トロ・ゴメスは、一九六四年十月九日、メキシコのグアダラハラ市に生まれた。グアダラハラは首都メキシコシティに次ぐメキシコ第二の都市で、一六世紀から続く美しい古都として知られる。日本でいえば（東京からの距離といい）京都・大阪を思わせるこの街で、ギジェルモ（英語のウィリアムにあたる名）は生まれて育ち、今も実家がある。

父フェデリコは中古車販売業で成功した人物で、さらにデル・トロが四歳のとき、宝くじを当てて大きな一軒家を購入。本を読む人ではなかったが新居に書斎を構え、子供向けの本、百科事典、美術書などを揃えた。これが幼いデル・トロの人生を決めたと言える。彼はホラー小説、ゴシック小説に夢中になり、シュルレアリスムや象徴主義の画家にはまり、昆虫や解剖図に夢中になった。ファーブルの「昆虫記」を読まなければ『クロノス』も『ミミック』もなかったに違いない。

母グアダルーペは、絵を描いたり文章を書くことに心得があり、父とは距離を感じていたデル・トロも母のことは全面的に信頼していた。のちに映画二本に主演することになる。

ギジェルモ少年はブロンドの髪、青い瞳、痩せた長身の体という目立つ外見のせいで「いつも仲間はずれにされ、弱虫と罵られていた」そうで、そのせいか兄フェデリコとはよく殴り合いのけんかになったという。吸血鬼の扮装をして妹スサーナを脅かしたこともある。

一家はカトリック信者で、子供たちは教会に通った。デル・トロはメキシコにおけるキリスト像や聖人像の不気味さに影響を受けたという。また学校もカトリック系だったので、ラテン語を習っている。長じて無神論に傾いたが、カトリック教育は自分の一部になっていると認めている。

六～八歳のころ、デル・トロは祖母ジョゼフィナの家で暮らしていた。祖母は行き過ぎたカトリック信者で、信仰に背く本や映画に夢中の彼を虐待した。くりかえし体罰を与え、自分の体を傷つけて神に捧げろと脅した。後年、祖母を『キャリー』の母親に例えているが、「愛し方には難があったが、愛情には違いなかった」と語っている。最初の映画『クロノス』は祖母に捧げられている。

一九七一年、七歳のとき、初めて自分で買った本が、フォレスト・J・アッカーマン編集のホラー小説選集『Best Horror Stories（ベスト・ホラー・ストーリーズ）』だった。彼はたいへんな読書家になり、英語の本を読みたくて独学で勉強した。十歳でほぼスペイン語とのバイリンガルと言えるレベルになっていたという。彼はまたコミックも愛読した。スーパーヒーローものにはあまり惹かれず、アメリカの怪奇マンガECコミックスのメキシコで買える海賊版を集めた。

また、意外なことに子供時代は海洋生物学者になりたかったそうで、今でもダイビングは得意だという。市の下水道を踏破したり、空き家に忍び込んだりする冒険も好きだったというから、必ずしも学究肌のインドア型というわけではなかったようだ。

七～八歳のときから、絵を描いたり、模型を作ったり、粘土で立体像を作るようになる。ウォークインクロゼットの中に、六五体のフィギュアを使って『猿の惑星』の一場面を再現した巨大ジオラマを作り、その見せ方の演出に没頭したのもこのころだった。

当時のメキシコでは日曜のテレビでよくユニバーサルの怪奇映画を放送しており、これに強い影響を受けた。フランケンシュタインの怪物、半魚人、オペラ座の怪人が当時の彼の三大モンスターだった。また、テレビシリーズ『四

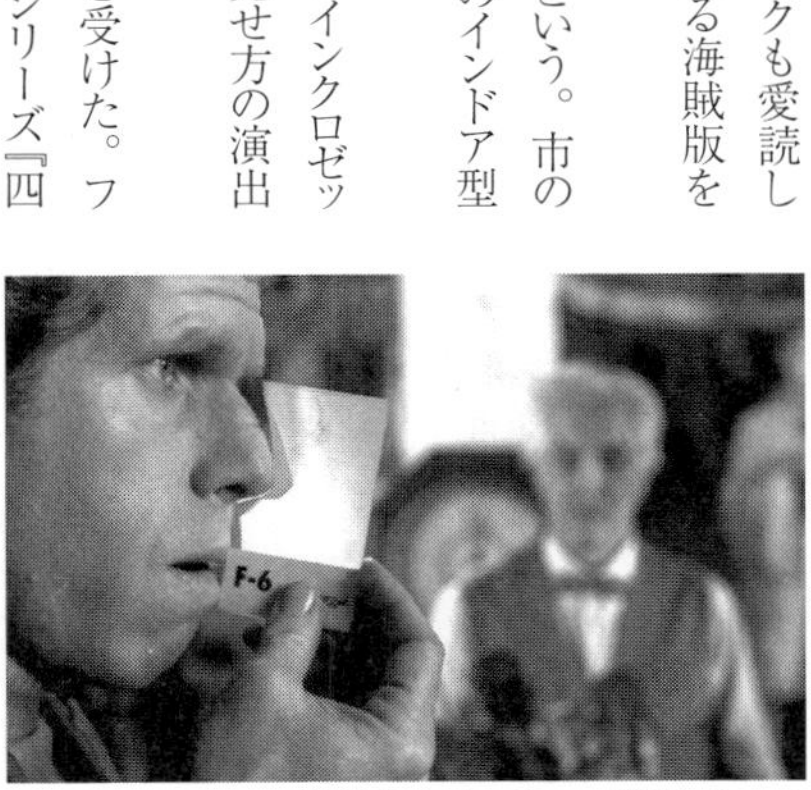

『クロノス』

次元への招待』の第五回で「呪いの人形」を見たときは、あまりの怖さに失禁してしまったという。原作はアルジャーノン・ブラックウッドの短篇「人形」で、ブラックウッドはお気に入りの作家だった。

映画館で初めて見た映画は母に連れられて行った『嵐ケ丘』（1939）だった。話がわからず途中で何度も寝てしまったが、ゴシック的な場面には惹かれたという。その後は人気歌手ペドロ・インファンテの主演作など、メキシコ映画のメロドラマをよく見た。それがホラーと結びついて、ゴシック・ロマンスに惹かれるようになる。

自分で映画館に行くようになってからは、バスに乗って市内のあちこちの映画館に行き、ホラー映画を浴びるように見た。『怪談』（1965）、『藪の中の黒猫』（1968）などの日本映画やイタリア映画も強く印象に残ったが、いちばんのめりこんだのは英ハマー・フィルムの作品で、テレンス・フィッシャーの監督作には夢中になった。いまでも、自分の基本にあるのは、この時期に育まれたモンスターへの愛情だと語っている。

八歳のとき、父のスーパー8カメラを借り、遊びの延長として、『猿の惑星』のフィギュアやユニバーサル・モンスターのフィギュアを闘わせた映画を撮った。現像に出してからプリントが送られてくるまでの一週間がほんとうに楽しみだったそうで、このとき、自分の映画を撮る・見るという特別な体験の喜びを知る。

『エクソシスト』が公開されたあと、おもちゃ店でディック・スミス本人が監修した特殊メイクセットを購入。熱中するあまり手紙を書いたのが、この世界一の特殊メイク・アーティストとの交流の始まりだった。

十〜十一歳ごろ、一度映画を撮ることをやめて、三年間は絵と造形に集中した。このころ初めて買ったLPレコードが『JAWS／ジョーズ』のサントラ盤。また、十一歳か十二歳の夏、兄の国語教科書のなかにH・P・ラヴクラフトの短篇「アウトサイダー」を発見し、夢中になって読んだ。十四歳の誕生日に息子をロサンゼルスのディズニーランドに連れて行った父は、彼がコミックと特殊メイクの材料と昆虫の標本を買うことにばかり興味があったとこぼしている。しかしディズニーランドもまた、彼の生涯を通じての探求テーマになっていく。

イエズス会大学の理系高校に進学。教師のダニエル・ヴァレラ・アコスタから映画について学ぶ。ここで映画製作に戻り、仲間を集めてそのためのグループを作る。今度は本格的に映画製作に熱中。アコスタからカメラを借りて最初に撮った短篇「Pesadilla（悪夢）」が学園祭で評判になり、次々と作品を送り出した。

自主製作時代のギジェルモ・デル・トロの短篇映画は十本あると言われているが、このうち最後の2本は今も見ることができる。『Dona Lupe（ルペ夫人）』（1985）は十九歳のときの作品で、老婦人を主人公にした皮肉の利いたスリラー。完成度の高い三十分の堂々たる映画で、のちにデル・トロと結婚するロレンツァ・ニュートンや、共同経営者となるリゴ・モラがスタッフとして参加している。

最後の自主映画となった『Geometria（幾何学）』（1987）は、ぐっと短い九分の作品で、フレドリック・ブラウンの短篇小説「あたりまえ」（「スポンサーから一言」収録）の翻案。『エクソシスト』へのオマージュともいえる内容で、監督の母グアダルーペ・デル・トロが主役を演じた。米シネマジック誌のコンテストに応募するも落選。再編集された完成版が『クロノス』のクライテリオン盤ブルーレイに収録されている。

これらが製作された当時、デル・トロはグアダラハラ大学に新設された映画学校で、二十歳の若さながらすでに教える側に回っていた。またこのころ、仲間たちと地元の映画祭を企画。創立スタッフとして作品選定からゲストの送迎まで何役も務めたこのイベントは、一九八六年、第一回グアダラハラ国際映画祭として開催され、成功を収めた。今では中南米屈指の映画祭として高い評価を受けている。

これらと並行してデル・トロはメキシコ国立自治大学付属映画学校に通い、脚本の書き方を三年かけて学んでいる。教師は映画監督のハイメ・ウンベルト・エルモシージョ。デル・トロは、ウンベルトの誘いで彼の新作コメディ映画『Dona Herlinda y su hijo（エルリンダ夫人とその息子）』（1985）にプロデューサーとして参加。さらに驚いたことに、製作中の「幾何学」を見たウンベルトが、デル・トロの母グアダルーペの演技を気に入ってタイトルロールに起用し、母子そろっての商業映画初体験となった。

ウンベルトの授業は厳しかったようで、彼の「とにかく記録しろ」との教えに従って、ノートをつけるようになる。これがのちに有名になり書籍化もされた「ギレルモ・デル・トロ創作ノート」の始まりだった。

デル・トロは卒業課題として二本の脚本を提出。一本目が『デビルズ・バックボーン』、二本目が『Vampire of the Grey Dawn（灰色の夜明けの吸血鬼）』と題された『クロノス』の初稿だった。『デビルズ・バックボーン』の脚本は教師ウンベルトによってゴミ箱に投げ込まれ（比喩ではないらしい）、卒業後のデル・トロは『クロノス』映画化に邁進することになる。

一九八〇年代のメキシコは不況時代で、映画は検閲に屈し、当たり障りのないセックス・コメディの全盛期だっ

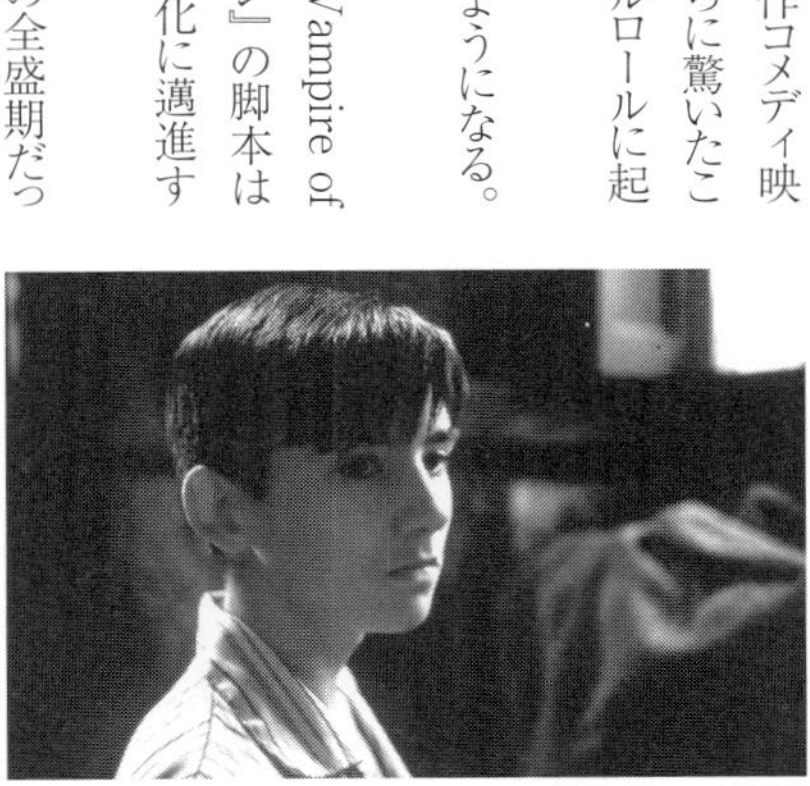

『デビルズ・バックボーン』

写真：Album／アフロ

た。『クロノス』のような前例のない企画は政府の援助も得られず、その他にも製作にあたって解決しなければならない問題が山積みだった。

まず一九八五年、高校時代からの映画仲間リゴベルト・モラと共同で、当時のメキシコ国内にはまだ専門スタッフがいなかった特殊メイクと特殊造形の専門会社ネクロピアS.A.を設立。特殊メイク、立体造形、ストップモーションアニメーションなどを手がけた。

翌年、学生時代からの恋人だったロレンツァと結婚。彼女も彼女の父ギジェルモ・ニュートンもネクロピア社の設立スタッフで、義父はメカ制作の専門家として初期作に参加している。

ロレンツァとギジェルモのデル・トロ夫妻は、その後、世界的に成功してからもおしどり夫婦として知られ、二人の娘マリアナとマリッサと合わせた三人に謝辞が捧げられるのがデル・トロ作品の恒例になっていた。それだけに二〇一七年の離婚（発表は二〇一八年）はファンを嘆かせた。

さらにデル・トロは『クロノス』に絶対必要な特殊メイクを本格的に学ぶため、当時の全財産だった三千ドルを支払い、ニューヨークに行ってディック・スミスの学校に入学。子供時代の文通相手に初めて会い、直接教えを乞うことになった。

帰国後、プロとしての初仕事となったのが、テレビシリーズ『La hora marcada（運命の時間）』。ホラーとSFのアンソロジー・シリーズで、一九八八〜九〇年に放送された。特殊メイク・特殊造形で二十三話に参加。さらに四話で脚本を書き、三話を監督し、モンスター役で出演もするという八面六臂の活躍を見せた。他人の作品でストーリーボード・アーティストなどを買って出たのも、将来のための人脈づくりだった。

この番組で出会ったのが、長く友人となり助け合うことになるアルフォンソ・キュアロン。最初にデル・トロから話しかけた言葉が「キングの原作は最高なのに、君の回は最低だな」だったのは伝説になっている。それは実際にスティーヴン・キングの短篇「やつらはときどき帰ってくる」（「深夜勤務」収録）の映像化で、当時のデル・トロは悪口の達人として知られていた。問題点を一緒に考えて意気投合した二人は、互いの構想を交換するようになり、デル・トロが企画し、キュアロンが監督した『De Ogros（人食い鬼）』の回は『パンズ・ラビリンス』の原型になった。

この制作現場では、若き撮影の名手エマニュエル・ルベツキとも友人になったし、すでに中堅の撮影監督として名をあげていたギジェルモ・ナバロとも知り合うことができた。彼の姉ベルタ・ナバロは経験を積んだプロデューサーで、この姉と弟が『クロノス』以降のデル・トロ組を支えていく中心スタッフになる。

その間もデル・トロは『クロノス』の脚本を毎日のように改稿し続けていた。政府の援助を得るには映画協会の審査が必要だったが、「年長者が牛耳っていて若い世代には扉が閉ざされていた」「吸血鬼が出てきたり、特殊効果を使っているような映画は、芸術作品じゃないと言われた。この映画には詩的表現や気品が漂っていて、美しい恐怖が伝わるはずだと訴えたが、聞き入れられなかった」と、後年になってからもデル・トロは悔しそうに語っている。

またこのころ、敬愛するアルフレッド・ヒッチコックの研究書を発表。「Alfred Hitchcock」（University of Guadalajara, 1990）は、初の著書にもかかわらず五四〇ページもあったが「若くて生意気な本で、自分のことばかり書いていた」とのちに振り返っている。

根負けした映画協会の審査を通り、メキシコシティで『クロノス』の撮影が始まったのは二十八歳の時。初稿から八年が経っていた。製作費はメキシコ映画としては当時の最高額という一五〇万ドル。しかも製作途中でアメリカからの出資が中止になり、デル・トロは愛車のバンを売り、自宅を抵当に入れて銀行から二五万ドルを借金。家を取り戻すのに四年かかったという。ギャラの支払いが止まっているのに出演を続けてくれた俳優ロン・パールマンとの友情は、この時から始まっている。

またポストプロダクション中は、ロサンゼルスで月三〇〇ドルの安ホテルに滞在し、新たに友人になったジェームズ・キャメロンが夕食を奢ってくれるのを楽しみにしていたという。ドッグフードが食事替わりという伝説化したエピソードもこの時期のものだろう。だがそれもこれも『クロノス』が、メキシコのアカデミー賞にあたるアリエル賞で作品賞など八部門を受賞し、カンヌ映画祭に出品されて批評家週間の賞を受けたことで報われた。

しかし成功の代償というべきか、一九九七年、父フェデリコが誘拐される。身代金を支払って七二日後に解放されたが、メキシコは誘拐ビジネスの本場であり、デル・トロ一家は安全な暮らしを求めてアメリカに移住するしかなかった。ロサンゼルス近郊サンフェルナンドバレーの自宅近くに建てた仕事場兼コレクションハウスは、チャールズ・ディケンズの小説から取って「荒涼館」と名付けられ、世界中のコレクターの羨望の的になった。二〇一八年

『パンズ・ラビリンス』

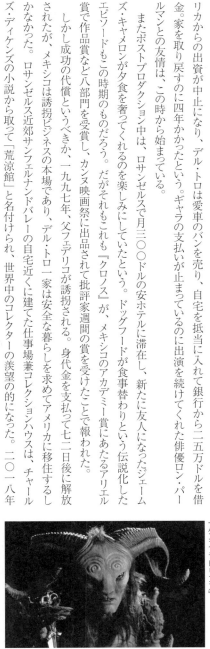

十一月の山火事で炎が迫り、あわや焼失の危機となったのは記憶に新しい。

ギジェルモ・デル・トロの日本への紹介はやや遅れ、『クロノス』は一九九七年二月、ゆうばり国際ファンタスティック映画祭で招待作品として上映。『ミミック』が同年十一月、東京国際ファンタスティック映画祭の《ホラー・オールナイト》で上映され、ここで一気に注目を集めた。

早熟で、早くから自分の好きなものを見つけた天才肌だが、目標を定めるとそれに向けてひとつひとつ段階を踏んで努力する。古典芸術も現代のサブカルチャーも等しく愛し、口は悪いが人懐こく、孤高の才能を誇りながら、周囲を巻き込んで味方につけることができる。これがてんびん座のバランス感覚に由来するなら、少なくともギジェルモ・デル・トロ本人については、星座は当たっていたと言える。

［参考文献等］

「ギレルモ・デル・トロ創作ノート　驚異の部屋」DU BOOKS

「ギレルモ・デル・トロの怪物の館」DU BOOKS

『クロノス HDニューマスター版（インタビューと音声解説）』是空

『ノンフィクションW「WHY MEXICO?　アカデミー賞に輝く越境者たち」』WOWOW　二〇一九年放送

ネットのアーカイヴとりわけ New York Times.com, BBC mundo.com, vulture.com の関連記事を参考にしました。

The theory of the filmmakers

作家論

すべてが象徴として反射し合う〈絵画〉——デル・トロ城の宇宙

切通理作
Kirodoshi Risaku

『パシフィック・リム』を最初観た時、いささか当惑させられた。

日本でロボットアニメや怪獣映画を観て育ってきた自分にとっても、聞いただけでワクワクするような世界観の映画であるはずなのだけれど、巨大ロボット「イェーガー」に、二人の人間が同時に乗り組み意識を「ドリフト」させることで操縦できるという設定が、なんというか、まだるっこしいというか、「バディものをやりたいんならロボット二体でコンビ組んで、最後は合体すればいいのに」と思ったし、前半で、一体のイェーガーの中で二人の意識が混濁し、早くも戦力ダウンしてしまうという展開に至っては、残留思念にさいなまれる心理劇によってエンターテインメントとしての、映画を前に動かす「時間」が停滞してしまっているような印象を受けた。

そんなことよりも、世界中の人々が国籍の違う巨大ロボットに乗り込んで巨大怪獣と戦うという血沸き肉躍るドラマに、もうちょっと尺を割いてほしいと思ったものだ。

思えば、監督デビュー作『クロノス』に登場するスカラベ型のオートマタも、どうやらそれに刺されると不死の生命をもたらすらしいという事は示唆されるが、結局正体がよくわからないまま終わる。主人公たる一人の老人が、多少若返ったりする描写こそあるものの、それは彼にほとんどなにももたらさず、最初から身近に居たわずかな理解者に看取られて死ぬまでを描いているだけともいえるのだ。

あるいは、監督二作目の『ミミック』では、多くの人間が関知しない変化に敏感な、自閉症的な少年チューイが思わせぶりに登場するけれど、普通だったら、彼が怪物退治のきっかけを掴んだり、物語の局面を転回させる隠し玉となるはずだが、結局ほとんどお話に絡まなかった。

『デビルズ・バックボーン』では舞台となる孤児院の中庭に、象徴的に突き刺さったままの不発弾が結局最後まで爆発せず、デル・トロが物語の背景としてこだわったというスペイン内戦も、まだ終わりを告げるわけではない。幽霊も、孤児の少年カルロスの眼に見えるだけ。つまり歴史的なバックボーンも、かたや超常現象も、少年の話と明示的には接続しない。

思わせぶりな要素が、一枚の絵画の中の要素のように、並べられている。

『クリムゾン・ピーク』で、作家志望の主人公イーディスが出版社に持ち込んだ小説には幽霊が登場する。だが「ホラーではありません」と彼女は言う。編集者は困惑し、若い女性として恋愛に特化した小説を書くよう促されるが、イーディスは拒絶する。彼女はまるでデル・トロその人のようではないか。

この『クリムゾン・ピーク』という映画自体も、イーディスが幼い頃初めて出会って以来、幽霊からたびたび警告されるさまが描かれているが、物語自体を幽霊が動かすわけではない。

デル・トロは「登場人物のすぐ傍に危険が迫っているのをキャメラは捉えているが、彼らは気づかない」というヒッチコック流サスペンスが、ハリウッドの恐怖物のセオリーとして要求されることが多いけれど、それは実は「サスペンス」の話法であって、自分の求める「ホラー」ではないとしている。たとえば『ミミック』において、それに該当するシーンは、セカンドユニットが撮ったものであって、デルトロ自身は気に入ってないというのだ(『デビルズ・バックボーン』DVDオーディオ・コメンタリーより、以下同)。

つまり、物語の起伏を感じさせるところが、デル・トロにとっては付け足しであり、場合によっては不本意ですらあるのである。

デル・トロは「二つのジャンル合わせる事に惹かれる」と語る。『デビルズ・バックボーン』はゴシック・ロマンスと戦争映画の融合であり、ラストには西部劇の要素も加味されている。

一つの建築物とその中庭に閉じられた空間を舞台にするゴシック・ロマンス的展開と、何もない広大な景色を人間の心象に重ね合わせる西部劇的風景論の組み合わせ。その背後には現実の内戦が起きているという三重構造になっている。

それは、一つのジャンルに集中して楽しみたい観客にとっては、いささかはぐらかされたような気持ちになるのではないか。

私のデル・トロ作品への印象は、絵画的に完結しているという事である。衣装や小道具、画面のトーンまで美学的に仕上げられすぎているため、隙間にこちらの想像力を膨らませることが出来ない。『パシフィック・リム』の嵐吹きすさぶ海上での戦いなど、「絵」になり過ぎていてもう一つのめり込めない。これなら静止画でいいじゃないかと思ってしまう。

それより冒頭部で、世界中に怪獣が現れたというニュース画像の中の、実景場面との合成の方が、現実と架空の世界のブリッジを感じさせて私などは興奮出来る。けれどもこの冒頭部は別班が撮ったものだという（『パシフィック・リム』DVDオーディオ・コメンタリーより）。私はそれを知った時、デル・トロの感性は自分とは合わないのだなとつくづく思ったものだ。

しかし、処女作からあらためて連続して観ていくと、デル・トロは〈映画史〉そのものを見直し、自身の求める「ホラー」をベーシックに用いることによって、ハリウッド流のいかにもわかりやすい話法にもくみせず、ただ難解な芸術映画に狭めてしまうのでもない〈宇宙〉を提示し、それを独自のものとして認めさせてきた稀有な監督であることに気づきもしたのだ。

映画と〈建築の宇宙〉

十八世紀後半のイギリスで、理性や学問への反発として流行った、超自然的な怪奇と恐怖を扱った「ゴシック・ロマンス」。「ゴシック・ホラー」は超常現象への興味が主体だが、「ゴシック・ロマンス」は人間に焦点が当たる。デル・トロはとりわけゴシック・ロマンスへの傾倒が強いといわれる。

『ダーク・フェアリー』

それ自体過去隆盛を極めたジャンルであり、衰退を促したものの一つに、映画史へと合流する幻灯機興行の存在がある。デル・トロは映画の到来によって廃れたものを映画でよみがえらせているのだ。つまり映画を「ポスト絵画」と捉える事から逆行している。

ゴシック・ロマンスの原型といわれる、中世の古城を舞台にしたH・ウォルポールの小説「オトラント城奇譚」（1764）をデル・トロは自作を語る時、よく引き合いに出している。

同作をはじめ、ゴシック・ロマンスはその名のごとくゴシック風の建物を舞台としている。ウォルポールは作品以上に、別荘「ストローベリ・ヒル」を自分好みの中世ゴシック風に仕立てたというエピソードで知られている。ウォルポールはストローベリ・ヒルに印刷所をもうけ、自作や友人の作品を出版した。「オトラント城奇譚」もその中から生み出された作品だ。それは自宅近くに、自らの仕事場であり、私設博物館である「荒涼館」を作ったデル・トロの心情ともつながる。

十八世紀後半のイギリスでは廃止された修道院の建物が多く残っており、作品の舞台として機能していたという。ゴシックと廃墟、中世建築へのこだわりは密接に結びついていた。

デル・トロ作品にとっても建物は重要な要素だ。何もない砂漠に建つ孤児院。雪の中にポツンとある崩壊しかかった屋敷。そこに秘密がある。普段は静寂な場だが、生きて、死んでいった人々の残留思念が堆積している。ゴシック・ロマンスで建築は幽霊や悪魔の住処ではなく、登場人物の精神の負の要素や良心の腐敗を写す。

このような古い家は時が経つにつれ生き物になる。
家を形作る木材は骨であり、窓は月だ。
しかし孤独な家は少しずつ狂い始める
物に執着し、生かそうとするのだ。
（『クリムゾン・ピーク』DVD収録の未公開シーンで朗読される、ヒロインのイーディス・カッシングが書いた小説「霧の中の影」より）

デル・トロは自作を「建築の宇宙論」になぞらえる。隠し部屋や秘密の入り口を探訪していく外来者としての登場人物は、観客の代弁者でもある。『クリムゾン・ピーク』では、何世代にもわたって継ぎ足した、トーマスとルシールの住む屋敷を実際に建てて撮影。デル・トロは廊下の大きさや柱の配置にも、観客の心理を不安定にさせる視覚的な仕掛けを施した。アーチの輪郭は鋭い歯のようにも見え、家主であるルシールのドレスの模様にも似ている。

そこにデル・トロは祖母の家で水を飲みたくなって台所に行くまで、長い廊下に来た瞬間の怖さを感じた子ども時代の記憶を、観客の体験に移し換える。台所は家の胃袋であり、凶器が置いてある場所でもある。そして地下はもっとも直接的に隠された秘密の在処となる。デル・トロは『クリムゾン・ピーク』の地下室を「腐った子宮」と呼んだ。

謎を解く「鍵」の存在は、そのまま開かずの間や財宝のある（かもしれない）ファクトとしての鍵とWる。『クリムゾン・ピーク』では鍵穴は墓石の形ともWる。自動人形もまた、物語のキーであるとともに、映画の主要な「登場人物」の一人だ。

デル・トロはゴシック・ロマンスを指向する自らの映画を「18世紀の陳列棚」と称している。「オトラント城奇譚」自体、H・ウォルポールにとって、古い物語と18世紀の新しい小説との融合が目指されていたことを考えると、デル・トロのやっていることは、その創造的反復といえるかもしれない。ゴシック・ロマンスという中世趣味を、さらに後の時代になって映画の世界に展開しているのだ。

映画という動く映像でありながら、そこには「時間が止まった世界」が繰り広げられる。そんな場所に、「穢れを知らない主人公」がやってくるのだ。

〈昆虫〉それはもう片方の主役

たとえば、同じ監督の映画に「幽霊」が出てくるにしても、一本一本にとっての意味合いは違う場合がある。企画というもの自体、その都度の事情で成立するのだから。

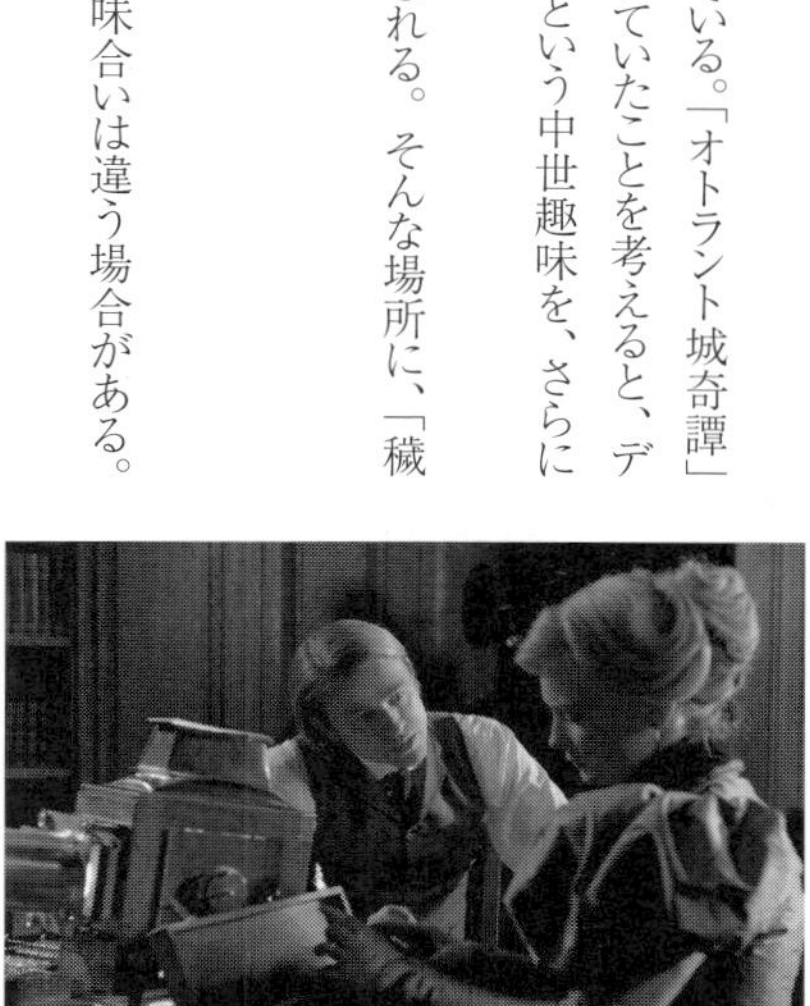
『クリムゾン・ピーク』

だがギジェルモ・デル・トロの場合は、ファンタジーが成立する要素を自らの中で明確に分けて認識していて、かつ、「自分が手がけた全ての映画から成り立つ、たった一本の作品を作ろうとしている」とも公言している（「ギレルモ・デル・トロ創作ノート　驚異の部屋」／以下「創作ノート」より）。

デル・トロ作品にとって重要な要素について考える時、私がまず直面するのは「昆虫」である。

デビュー作から最新作に至るまで、物語の主題と絡まない場合でも、虫たちは地下世界、伏せられた空間への水先案内人として、必ずそこに存在し、大群で登場する時もある。『クリムゾン・ピーク』では、蛾や蝶が住人であるルシールの存在と重ね合わされ、家具のバタフライチェアは蛾のモチーフだ。

また、大勢の蠅がむわっと舞うことで、人物の出現を少し前から提示する方法を、デル・トロは、デビュー作『クロノス』の時からやりたかった。実際の蠅を用意し、臭いで誘導しようとしたが、セットの隙間から逃げてしまった。『デビルズ・バックボーン』ではCGで実現させている（『デビルズ・バックボーン』DVDオーディオ・コメンタリーより）。

ある時は、神話世界とこの世界をつなぐ「使い」にも見える虫。『クロノス』のクロノス装置の内部にも、虫は巣食っている。『パシフィック・リム』の巨大怪獣たちの臓器にも、虫はちゃんと居た。デル・トロは幼い頃、父が買った「家庭の医学大百科」に記載された寄生虫の記述を読んで不安にさいなまれたという（「創作ノート」より）。

彼らは常に油断のならない存在である。『クリムゾン・ピーク』では蝶の死骸に蟻が群がるように、虫どうしにも緊張関係もある。油断をすると自らが貪られてしまうのだ。食物連鎖を前にして、一切の感傷を持たないハードボイルドな存在。それが昆虫だ。

昆虫について、『ミミック』ではこう語られている。「生きるための単純な形。バランスもあって見た目も美しい」。『デビルズ・バックボーン』で、CGによって形が再現された蠅のことを、デル・トロは「アップでも美しい」と讃えている（『デビルズ・バックボーン』DVDオーディオ・コメンタリーより）。

感情移入の道筋を切断し、それ自体として美学的に存在しているものの象徴が「昆虫」である。そしてそれは、「人間性」といわれるものから疎外された存在と、あくまで象徴的に響き合う。

『ミミック』という題名は、生物学用語で「擬態」を意味する。本作は人間に擬態する昆虫が一方の主役といえる映画だが、誕生の前段として、ゴキブリを媒介源とする、人間にとっての不治の病の蔓延があり、対抗策として「あらかじめ死滅することが運命づけられていた」生命が生み出される。「ユダの血統」(Judas Breed)と呼ばれる彼らは、開発した科学者が造物主であるとするならば、それへの叛逆者であり、決して歴史の表に出れない存在の代表ともとれる。だが、彼ら自身は生き物の機能を持たされたものとして、ただ動いているだけなのである。

そんな昆虫を目撃した自閉症の少年は、ずっと作り物の虫を握りしめている。この少年は虫に襲われるわけでもなければ、友だちになるわけでもない。他の人間のような情操の出し方を知らないで育っていながら、そのことに悩み患うさまを見せるのではなく、ひたすら起こったことを「見る」ことの出来る少年。彼は、そのありようによって、昆虫と「近い存在」なのかもしれない。

デル・トロは「ユダの血統」を、種として人類を淘汰することを選んだ神の意志であるとも語っている。それと人間的な情操から外れた少年が、未来の家族のように見えるという、別のラストも考えられていたらしい(「創作ノート」より、以下同)。

『クリムゾン・ピーク』のラストタイトルでの蝶や蠅を例示するまでもなく、デル・トロ作品には昆虫の標本が多く登場する。ファンの間では知られているデル・トロの施設博物館的別荘「荒涼館」にも、書籍、絵画、玩具、映画の小道具と並んで昆虫の標本が飾られているという。「ユダの血統」の幼虫模型もある。

デル・トロにとって、昆虫を標本的に眺めるということは、『デビルズ・バックボーン』の題名でもある、胎児たちの「悪魔の背骨」(El Espinazo del Diablo)の形に惹かれる気持ちに通じるものだろう。背中から浮き立って見えるそれは、二分脊椎症で生まれてきた胎児の露出した背骨のこと。まるで人間と節足動物の近似性を浮き彫りにしているかのようだ。

近代以前、二分脊椎症は呪いとみなされていたが、実は貧困による栄養失調からくる病気であった。デル・トロにとっては、映画に描かれた孤児院の子どもたちに通じるモチーフでもあった。この映画の孤児は、「生まれる前から、自分の責任ではないところから生み出された悲劇を背負わされている」存在だった(『デビルズ・バックボーン』

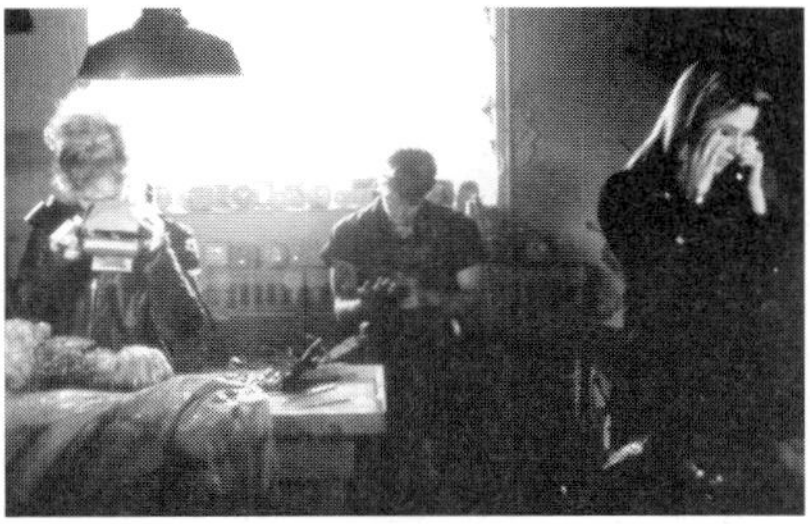

『ミミック』

写真：Everett Collection/アフロ

DVDオーディオ・コメンタリーより)。

胎児のラム酒漬は、まるで琥珀の中の昆虫のようにも思える。ギジェルモ自身は『デビルズ・バックボーン』という作品全体に対して「セピア色のイラストみたいだ」と語っている(「創作ノート」より)。

つまり彼らは、『ミミック』に登場した人間に擬態する昆虫と、相似形を成す存在なのかもしれない。『ミミック』のディレクターズ・カット版に登場した患者用ベッドで、不透明な布で覆われる子どもたちは、昆虫の蛹のようにも見える。

それぞれの存在が、人間中心の物語の狭い枠組みを超え、自然界が生み出す美学の中で、象徴的存在として響き合っている。

むろん主観においても、孤独な子どもにとって、昆虫たちの存在が身近であり、そもそも目線が低い彼らは、虫に目を留める機会も多い。『パンズ・ラビリンス』では、少女の主観で、昆虫が、我々のイメージする妖精の姿に変化するシーンがある。これは裏を返せば、少女から妖精に見えたものは虫だったという逆転の構図、あるいは美と醜の表裏を内包したものともとれる。

デル・トロ作品の「異界」は、キリスト教布教以前の精霊的世界観をにおわせるが、それは善でもなければ悪でもない、あるいはその両方の側面を持つ。そんな混沌の世界への水先案内人が、我々の足元に居る昆虫なのである。

水の中の静寂

デル・トロは、水の中からの視点をよく用いる。水浸しになった床から見上げる視点や、水槽越しの視点、そして、水と我々の日常をつなぐ「洗面台」が頻繁に登場する。

『シェイプ・オブ・ウォーター』で掃除夫のヒロイン・イライザにとって、トイレは重要な職場の一つであり、洗面台近辺は人の素顔を見れる場所であった。

『クリムゾン・ピーク』では、洗面台に人間の頭をぶつけて殺す場面がある。割れた顔面から流れた血として、赤い水が垂れてくる。その「殺す側」が住んでいる城は、露出した粘土が雪の上から赤く染まったように見える「深紅の丘（クリムゾン・ピーク）」に建てられている。粘土が血のように屋敷内のいたるところから染み出してくるのだ。天井が破れ、床の一部はぬかるんで、下に沈んでいる。

『クロノス』では床の血を舐める描写が頻出する。これは、ソファの下の古いピザを拾って食べた独身時代のデル・トロの体験がもとになっているという（『デビルズ・バックボーン』DVDオーディオ・コメンタリーより）が、置き忘れたものの痕跡は、床にこびりついた液体や、足元のぬかるみに消えずに残っていることが意識される。

そうした痕跡の「側」から見返していくということが、デル・トロ作品の一方の主観の設定だ。

トイレを掃除させられているという、世の中の底の「側」に居るヒロインが、水の中で生きてきた半魚人と恋仲になるのが、『シェイプ・オブ・ウォーター』の骨子だが、半魚人設定は『ヘルボーイ』『ヘルボーイ／ゴールデン・アーミー』にも、フィッシュスティックのエイブ・サピエンというかたちで登場していた。エイブ・サピエンはサイコメトリー能力を持ち、サイコメトリー中の彼に接触すると、彼の頭に浮かんだ映像を一緒に見れる。エイブは空気中では呼吸に限界があり、地上における任務の際には、液体を満たした専用の呼吸器を身に付ける。

水を浸した世界の側から見返されることによって、人間たちの目線の世界が置き忘れていったものを確認することが出来る。半魚人はその媒介なのだ。

また『デビルズ・バックボーン』で幽霊を目撃する少年カルロスは、ナメクジを摑まえて、遊び相手にしていた。これはガキ大将のハイメはじめ、孤児院の子どもたちも同様で。死んで幽霊となった少年サンティも、ナメクジを捕まえに来た際に殺されたのだ。湿った場所にしか生きられず、人間の足もとに這うナメクジは、「普段見ようとしていないけれど、あるもの」として、我々の日常にとって身近な存在だ。

デル・トロは下水道探検が大好きで、粘度の高い粘液が鍾乳石のようにぶら下がっているのを見た時、それ自体巨大な生命体のように感じたという（「創作ノート」より）。彼にとってそこは、人間である自分を飲み込むような不安を掻き立てるとともに、魅惑的な場所だったのではないだろうか。

サンティの幽霊があらわれる時、その姿の周辺には、水の中でゴミがたゆたっているような描写がされていた。

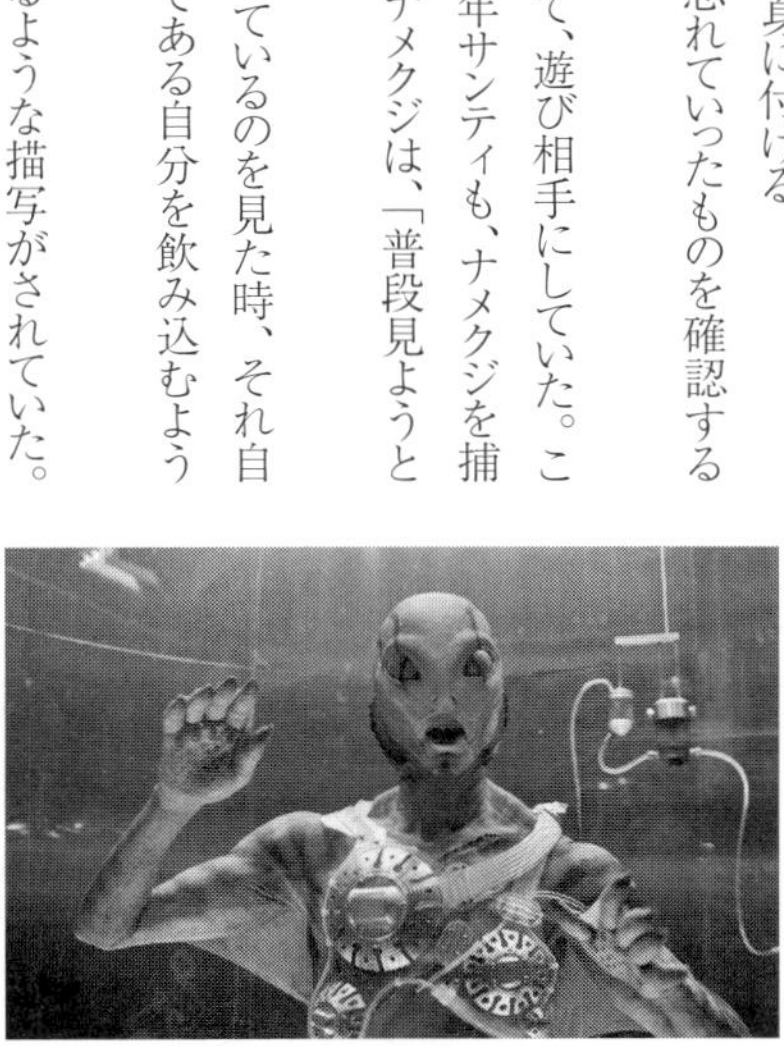

『ヘルボーイ』

同作では、殺された孤児が水槽の中で溺れる場面の黄色い水が象徴的に登場する。その悲劇をもたらしたハシントという青年はもともとは孤児であり、同じ水槽で死に至らしめられる。

さらにその「黄色い水」は、劇中に登場する、胎児を漬けるリンゴの水の色ともイメージ的にWってくる。孤児院の経営者でもある医師のカザレスは、この液体を「薬」と称して売ることで経営の足しにしているのだ。また本人も常用している。

そんな、生まれ出る前の姿で永遠に瓶の中に漬けられている子どもたちは、水の中にハシントを引きずり込む、物言わぬ幽霊の少年と象徴的に重ね合わされている。

水、それは人を「無＝動かない時間」の世界に帰す。

デビュー作『クロノス』で、老主人公ヘススと生活を共にする孫娘アウロラや、『ミミック』の靴磨きマニーと孫のチューイもそうだが、デル・トロ作品の子どもは、あまり喋ることがなく、静かな印象が強い。『クロノス』ではサイレント映画の要素を入れたかったと語っている（「創作ノート」より、以下同）。

年齢は子どもではないがイノセントなもの言わぬヒロインと、オジサンが同じ屋根の下に暮らしている『シェイプ・オブ・ウォーター』も構図的には通じている。

「非存在感がいかに心地よいか。静寂はなんと魅力的な暗殺者なのだろう」と私物の創作ノートに記しているデル・トロにとって、水の中の世界は、余分な音声をカットし、静寂に気付かせる大事なファクターなのだ。

幽霊とは……

「映画と建築」の項で述べた通り、デル・トロ作品は、子どもやイノセントな若者が知らない場所にやってきて、不可知なものを見るというパターンが多く用いられる。いずれも孤児あるいは両親が揃っておらず、よそよそしい現実の中で、放り出されるように新しい生活を始めなければならない存在だ。

そして来訪した場所では過去「何か」が起きており、主人公にだけは感じ取れる残留思念がある。

いわくありげな建築とともに、『クリムゾン・ピーク』の舞台は20世紀初頭だし、デル・トロの多くの作品は、現代よりもやや前に設定されている。そのこと自体が、現代の観客が「残留思念」に思いを寄せる回路をつけているかのようだ。

またデル・トロ作品では、冒頭のナレーションがラストで反復するという形式も印象的だ。幽霊は存在する、私は知っている……と始まり、ラストでは幽霊誕生の秘密を主人公が知り、幽霊が幽霊になっていく話であることを知る展開もある。

前述の通り、多くの作品で幽霊は居るのが見えるだけであるが、最後、幽霊とは、その地に想いを残す人間そのものであることがわかるという仕掛けだ。

『クリムゾン・ピーク』の姉と弟の関係がそうであったように、屋敷の歴史には、その中だけの秘密、閉鎖したところでの愛憎がある。

また『デビルズ・バックボーン』で砂漠にポツンと建つ孤児院の先生となるカザレスは、高い志を口にしながらも、同じ場所から動かずに、結局何もなさずに死んでいく男だった。

その建物に足をつながれていて、出られない。そのことが幽霊的であり、彼らの時間は止まっている。

幽霊とは何か
過去から蘇ってくる苦悩の記憶か
たとえば激しい痛み……
死者の中で生きている何か
時の中にさまよう人間の想い
古い写真のように
琥珀の中の昆虫のように
幽霊とは……この私だ。(『デビルズ・バックボーン』ナレーションより)

『パンズ・ラビリンス』

この冒頭のナレーションは映画の最後で繰り返され、最後、屋敷から出られず死んで幽霊になったカザレスその人のナレーションだとわかる。

『クロノス』と『パンズ・ラビリンス』では、重要なモチーフとして「動かなくなった時計」が登場する。時計を動かす歯車は、映画がフィルムの時代には、その回転によって光と影が映し出されることも意味しよう。


映画の中には過ぎ去ってしまう一瞬が捉えられている。

蝶々の標本に通じるものがある。

フィルムなどの記録手段は過去に生きた人々を知る術でもある。

（『クリムゾン・ピーク』ＤＶＤ特典映像『撮影セットツアー』冒頭に掲げられた、デル・トロの言葉）


映画は、流れていく時間とともに描かれるものを暗闇の中で見上げるという特質を持つ表現だが、デル・トロにとってそれは、「時間が止まってしまった世界」のキャラクターを、琥珀の中の昆虫のように眺め直す営みでもある。

デル・トロは、「世の中には二つの人間がいる。変わるから面白い人間と、変わらないから面白い人間」事を、シナリオの師匠から教わったと言う。

変わっていくことが出来ない存在を、映画で葬送するのが彼の役目なのかもしれない。

interview

ストーリーが僕を導いている。

ギジェルモ・デル・トロ インタビュー

猿渡由紀
Saruwatari Yuki

「僕はモンスターが好きだ。僕はモンスターに共感する」。

ギジェルモ・デル・トロは、過去に何度かそう語っている。彼はまた、フランケンシュタインの怪物こそ自分のアイドルだとも言った。人にはそれぞれ憧れの存在がいるだろうが、彼の場合は、普通の人にとって恐怖の対象であるフランケンシュタインの怪物が、それなのである。

デル・トロにとって、彼らは友達。彼が恐れるのは、逆に、多くの人が安心を覚えるものだ。

「たとえば警察。銀行や、宗教もそうだね。組織が嫌いなんだよ。組織は、人を窒息させる。元来、政府は、人々に一定の生活レベルを保証し、安全を守るためにあるもの。だが、彼らはその仕事をやるのが、非常に下手だ」。

そんな彼の世界観は、オスカーに輝いた『シェイプ・オブ・ウォーター』に、最も明らかだ。『クロノス』でデビューして以来、ちょうど十本目にあたるこの映画は、ここまでの彼の集大成と言える。究極にロマンチックで、ミュージカルの要素もあり、ヴァイオレンスも容赦なく描く今作を見て、デル・トロの友人アルフォンソ・キュアロンは、「これを作るのは、君にとってセラピーだったようだね」と言ったそうだ。それは、まさに言い当てている。デル・トロ本人も、『シェイプ・オブ・ウォーター』は、「二十五年くらい自分の中に溜まっていたものを吐き出した結果」だと打ち明けているのだ。

「失敗を恐れるがために試さなかったということが、僕の過去にはいくつかあった。でも、今作を作るにあたり、僕は、いいじゃないか、全部やってやれと思ったのさ。成功するための一番の道は、失敗ギリギリのことをやること。あまりに失敗に近いがために、実際に自分が失敗しているとも感じる。それでいいんだ。撮影中、僕はよく、『うまくいくかわからないが、自分は好きだ』という基準で判断したよ。ストーリーのほうが自分より強いのさ。ストーリーが僕を導いている。そうである時、そこに嘘はなくなる」。

直感に忠実であるという姿勢は、彼が昔から貫いてきたこと。あらゆるところからインスピレーションを受け、具体的にそれらを挙げることもしてみせるデル・トロだが、「この作品、あるいは本が好きだったから、オマージュを捧げる映画を作ろう」という考え方は、決してしないと言う。『パシフィック・リム』の撮影現場でも、デル・トロは、こう語っていた。

「六〇年代、メキシコではなぜか日本のテレビ番組がよくかかっていた。『鉄腕アトム』、『コメットさん』、『血を吸う眼』、『ガメラ』。そんなものを吸収しつつ、僕は育ってきたんだ。だからと言って、それらに再び立ち戻り、それらを使って何かをやろうとは思わないんだよ。怪獣も好きだし、ウルトラマンやウルトラセブンも好き。日本のアニメも、漫画も。だけど、それらにオマージュを捧げることには、意味を感じない。それらは僕の一部。僕が何かを作る時、そこにある。僕は、作りたいと感じるものを作るだけだ」。

『パシフィック・リム』

写真：Everett Collection／アフロ

オタクファンから映画批評家まで、彼の作品が多くの人を惹きつけてきた理由は、まさに、その妥協しない世界観にあると言えるだろう。だが、それを貫いていく上では、苦労もあった。ハリウッド・デビュー作である『ミミック』も、「あの映画の撮影で唯一良い思い出は、ロケ地だったトロントの街と、あの街の人だけ。ほかは地獄だった」と振り返っている。五千五百万ドルと、比較的予算がかかっている『クリムゾン・ピーク』も、スタジオが決めたマーケティングには不満だったと明かす。「僕の名前を聞いてまずあの映画を思い浮かべる人は少ないだろうが、あれは僕のお気に入り作品なんだよ。愛とモンスターの話なんだからね。もっと安くあの映画を作っていたら、自分の思う正しい形でマーケティングすることができたと思う。あの経験からも、僕は学んだ」。

次の映画『シェイプ・オブ・ウォーター』を千九百

万ドルで作ったのも、そういった背景があったからだ。完成した映画はそれ以上にお金がかかっているように見えるが、それこそが彼の狙いである。

「フォックス・サーチライトに、このストーリーとデザインをプレゼンし、『魚男と恋に落ちる女性清掃員の話を、ミュージカル仕立てで、モノクロで作りたいんです』と言った。すると、彼らに『この予算だったらあげる。ただしモノクロはだめ』と言われた。『その予算には僕のギャラも入るのですか?』と聞くと、『そうだ』と言う。僕は、『わかりました』とそれをいただくことにして、映画に取り掛かったのさ。ジェームズ・キャメロンも言っていたが、一千万ドルの予算で三千万ドルに見えるような映画を作る監督もいれば、八千万ドル使って三千万ドルに見える映画を作る人もいる。作り手がやるべきことは、予算より高く見える映画に見せることだ。できるだけすばらしく、できるだけ大きく」。

　将来も、彼は、自分らしい映画だけを作り続けていくつもりでいる。それはすなわち、普通ではない映画だ。「普通の映画には興奮を感じない」からである。次の監督作の実現がいつになるか、焦ってもいない。それも、これまでに学んだこと。過去に、彼は、監督するはずだった『ホビット』の製作がどんどん延期されて降板することになったり、『狂気の山脈にて』が崩壊したりなど(もっとも、『シェイプ・オブ・ウォーター』の成功を受けて、この映画の企画が復活するとの噂もある)、失望も経験してきた。だから、彼は常に、アニメ作品をプロデュースしたり、小説を執筆したり、LAやトロントで開催された美術展の企画にたずさわったりなど、ほかのことで忙しくしているのだ。八月に北米公開される『Scary Stories to Tell in the Dark』も、彼がプロデュースを手がけたインディーズのホラー映画。『永遠のこどもたち』や『MAMA』もそうだったが、新人監督が大胆なストーリーを語る手助けをするのも、彼が強い情熱を感じていることである。

「僕はビジネスマンではないよ。ビジネスマンとしては、おそらく、最悪と言っていいね。僕は、ストーリーを語りたいだけ。それは、続けられるかぎり、やっていきたい。まあ、どっちにしても、ゴム製のモンスターとホラーのコレクションさえあれば、僕は幸せなんだけどさ(笑)」。

『シェイプ・オブ・ウォーター』

意外と大人でオタクなデル・トロの世界

樋口真嗣
Higuchi Shinji

大森 望
Ohmori Nozomi

［司会・構成］＝編集部

撮影＝制野善彦
Seino Yoshihiko

大森｜樋口さんはデル・トロの名前を最初に意識されたのは何ですか？

樋口｜『ミミック』ですね。カイル・クーパーがタイトルバックをやっていて。あのころタイトルバックがクーパーなだけで見に行くぐらいの勢いがあって、それで見に行った。

大森｜へえ。僕も『ミミック』が最初でした。サンフランシスコに行ったとき、たまたま劇場でやってて、ポスターだけ観てSFっぽいなと思って、デル・トロの名前も知らずに観たんですが、あとで、ドナルド・ウォルハイムの短編（「擬態」）が原作だと知って驚いた。あのオチにも驚いたけど（笑）。映画も細かいところにSFネタを入れてて。

樋口｜デル・トロ、好きですよ。昨日劇場で『ROMA／ローマ』を見ちゃったんですよ。すごく良くて。メキシコの三人の監督が並んですごい。でも、メキシコに何かあるのかなって見ていると、絶望しかないんですよね。『ROMA／ローマ』は、彼ら版の『三丁目の夕日』みたいな話なんですけど、地獄絵図なんですよ。すごく希望に満ちた描き方をしているんですけど、最低だな、ここは。絶対出たくなるな、と感じる。

大森｜そこがポイントかもしれない。日本だと、国内でそれなりに満足を得られるというか、ぬるま湯的な環境だから、あんまり外に出たくならない。どうしても海外で成功しなきゃ、っていう切迫感がない。メキシコとは、きっとそこが違うんですね。

樋口｜デル・トロもいたるところに絶望を入れるじゃないですか。絶望ベースで始まって、そこからいい方向に持って行く。基本的にエンターテインメントとして希望に満ちた話なんだけど、『パンズ・ラビリンス』なんか酷い話じゃないですか。

大森｜最悪の状況で、ファンタジーに逃げ込む。幻想しか逃げ場がない。

樋口｜どの映画もそういうところありますよね。メキシコ時代の闇が深いのかな。本人に会うとすごくハッピーな人なんですけどね。

大森｜オタクなのに、ちゃんと常識もあるし、社会性もある。

——樋口さん、何度も会われてるんですか？

樋口｜いや、俺が会ったのは一回だけ。『シェイプ・オブ・ウォーター』の、公開前に来日した時の飲み会で。

——デル・トロも樋口さんの作品を見ていたりしましたか？

樋口｜のようですね。

——ガメラとか。

樋口｜ええ。嬉しい話ですけどね。びっくりしたのは俺より年上だったこと。

大森｜ひとつ上ですね。デル・トロが六四年生まれ。

樋口｜同世代というのがあって。意外と客観的になれないから、人にデル・トロどこがいい？　と聞きたいぐらい。あまりにも同業者っぽすぎちゃって、読んでる人、喜ばないんじゃないかなって（笑）。スピルバーグなら大好きだけど（笑）。

大森｜同世代のオタク系監督で言うと、ピーター・ジャクソン（六一年生まれ）はどんなイメージなんですか？

樋口｜太平洋沿岸に住むヒゲ、デブ、短パンみたいな（笑）。昔同じ島に住んでいたのが、島が沈んで、ちりぢりになったというような。

大森｜パシフィリック・リム仲間（笑）。でも、そしたら樋口さんもハリウッドに行かないと。

樋口｜俺は、これから向こうへ行くタイミングがないんですよね、ここまで来ると。

大森｜そんなことないでしょう。

樋口｜わざわざ海外に行きたくないという。ホント十年前ならば行ってたな、という気がするんですけど。今更……作り方も変わったというか。最近のクレジットで出てくる一番重要なポストがパイプラインという。文字通りパイプラインが詰まらないようにする。どういう風にモノが、データが流れていくか設計してそれを管理して、遅延がないようにシステムを構築する部門なんですよ。絵心とか何にも関係がない。生産システム管理みたいなものに長けたそういう教育を受けたプロフェッショナルが入ってるんですよ。それやりたいかというと違うなという気がして来ちゃうんですよね。かといって、物量で攻める『アベンジャーズ』のようなものをやりたいかというとこれも違う。そういう意味で『シェイプ・オブ・ウォーター』って意外と……いいですよね。

大森｜低予算で好きなことをやったら、意外と一般受けしちゃったという。アカデミー賞まで獲って。

樋口｜ニール・ブロムカンプもそうですけど、規模に比例して自由度も小さくなってる気がしますね。僕が好きなのは『ヘルボーイ2』（『ヘルボーイ／ゴールデン・アーミー』）なんで。

大森｜僕もそうです。1も好きだけど、あれはダメなところも目立つから。最後のアクションとか。

樋口｜練度が上がってるというか。ドイツから来たガス人間とか。あれは原作ありきなんですよね。

大森｜ただ、キャラクター設定はデル・トロがいろいろつけ足しているみたいですね。そもそも1と2でも違ってるし（笑）。

樋口｜原作とか縛りがあるにもかかわらず、これは素晴らしいな。

大森｜『ヘルボーイ2』があったからこその『シェイプ・オブ・ウォーター』ですもんね。

樋口真嗣［ひぐち しんじ］
1965年東京生まれ。『ガメラ　大怪獣空中決戦』で特技監督を務め、日本アカデミー賞特別賞を受賞。『ローレライ』『日本沈没』『進撃の巨人』2部作などを監督。『シン・ゴジラ』を監督、総監督の庵野秀明とともに日本アカデミー賞最優秀監督賞を受賞。

2では半魚人のエイブの恋人が死んじゃったんで、今度はちゃんと恋人と結ばれる映画を作ってあげようという親心みたいな（笑）。

根っこの部分は覆面レスラーの戦い

大森｜『シェイプ・オブ・ウォーター』を見ると、すごく大人になってるなという感じがする。ヒロインが、掃除係の同僚と、ちゃんとセックスの話をするじゃないですか。あの手話のガールズ・トークがすごくよくて。「どうやるの？ なんにもついてないでしょ？」「それがね、パカっと割れて、出てくるのよ！」みたいな（笑）。そういうシーンをごく自然に、さらっと撮れてて。実際、セックスするまでの過程も、すごくうまくできている。

樋口―大人になっている。ファンタジー系が得意な他の作家と比べて現実に軸足が常にあると思う。

――デル・トロはセックスの部分をある程度入れる。『ヘルボーイ』でも妊娠させるところなんかを入れますよね。

大森―そうですね。

樋口―やさしい話が多いですよね。残酷だけど。でも、置かれた状況は残酷だけど、登場人物は『シェイプ・オブ・ウォーター』のマイケル・シャノンですら愛おしく見えるからね。

大森―必ずしも完全に悪いやつじゃなくて、それなりの事情がある。早くクビになってしまえ！ という風には描かれてない。

樋口―この作品、オスカーよく獲れましたね。今年だったら獲れなかっただろうな。

大森―たぶん『シェイプ・オブ・ウォーター』を最初撮るときはオスカーなんて考えなかったでしょうね。ジャンル映画で、やりたいことをやって恋愛要素を入れて、『大アマゾンの半魚人』のハッピーエンド版をやろうという企画だったのに。

樋口―最近はマイノリティを描いた作品がオスカーを獲る傾向ですもんねえ。

大森―政治的に正しくないといけない。

樋口―どう見ても半魚人はそれのメタファーになってるし。文字通りそういう人も出てきているし。オタクが既にマイノリティではないかというね（笑）。

大森―デル・トロの映画はだいたいいつも、マイノリティ側に視点がある。性的少数者ではないにしても、半魚人＝オタク側に立っている。こんな僕を受け入れてくれる人がどこかにいて、きっと幸せになる道があるはずだと。

樋口―それが国境を越えてきた人に見えるんだろうな。きれいに重ねてみんな解釈しちゃうんだろうな。

大森―移民の問題を意識したというよりも、自然にうまくハマったということでしょうか。狙った感じはしない。

樋口―そんなにメキシコを舞台にやってるというタイプじゃないではないですか。故郷を離れてアメリカに渡って映画をやってるし。しかし、到るところで遺伝子的にそっちだっ

大森 望［おおもり のぞみ］

たなということはあって。『パシフィック・リム』も、みんなこれ日本のロボットだって言ってるけれど、顔を見ると覆面レスラーなんですよね。怪獣だっていうけど、根っこの部分はデル・トロが子どものころメキシコで見ていた覆面レスラーの戦いじゃんって（笑）。みんな、あれはわれわれの国の何を使ってるって言い方しちゃうじゃないですか。リップサービスもあったのかもしれないけれど、怪獣だ云々と括りきれない気はします。

大森　思った以上に日本でウケましたよね。こんなに日本の文化をリスペクトしてくれて嬉しい、と。

――中国でも受けましたよね。

樋口　最近、あの手のものは、ロドリゲスがキャメロンと作った『アリータ』も含めて中国で受けるんですよね。いつもオリジンであるはずの日本だけがいちばんこういうのダメですからね。

ピーター・ジャクソンの『移動都市／モータル・エンジン』だって、完成披露試写だけアイマックスだったんですよ。

大森　アイマックスで上映したんですか？

樋口　日比谷のアイマックスで一日だけやって、それ俺は行けなくて、どこでやるだろうと思ったら、向こうの公開した成績を聞いて、公開規模を急遽縮小して（笑）。

大森　アイマックス版があるんですね。

樋口　データはあるはずなんで。嘆願書を出せば一日ぐらいやってくれるんじゃないか、とか。

大森　『パシフィック・リム』は、むしろデル・トロの中では例外的な気がしますね。アメリカン・フォーミュラになって。

樋口　みんなこれが好きでしょう、みたいなやつ。マーチャンダイズも含めたところで。この時、今までで最高のバジェットだった訳ですよね。しかも、なんかがダメになったんですよね。あ、『狂気の山脈にて』をやるはずだったのが。

大森　デル・トロは、もともと、ラヴクラフトというか、クトゥルー全般がすごい好きだったんですよね。『狂気の山脈にて』を実現するためのステップとして、『ホビット』の仕事を受けて。

樋口　最初、ピーター・ジャクソンがプロデューサーで、デル・トロが監督するはずだった。

大森　ところがその『ホビット』が三年ぐらい経っても全然プロジェクトが動かなくて撮影に入れず、待ってられないので降ります、てなって、『狂気の山脈にて』のプレゼンに全力投球したけど、やっぱり企画が通らなかった。

樋口　ブロンカンプもなんかありますよね。『HALO』をニュージーランドのウェタでやろうとしていたのがダメになって。ピーター・ジャクソン、意外と空手形タイプみたいな（笑）。

大森　『ホビット』は結局、自分で監督して。

――『タンタンの冒険』も続かないですよね。

樋口　あれもセカンドユニット、ピーター・ジャクソンがやってるんですよね。『レディ・プレイヤー1』はセカンドユニットを誰かやってるんでしたっけ。

――聞いてないですね。

樋口　誰かいそうじゃないですか。

大森　巨大ロボットの使い方で言うと、決め

ポーズはスピルバーグの方がすごいかも。すごく短いんだけれど、ここで止めてスクショ！みたいな場面がちゃんとある。

樋口｜あれって、スピルバーグらしからぬ誰かがついてるんじゃないか。ただ、躁状態になってる感じじゃないですか。あれって、こんなの初めてだと思って、よくよく考えると『A.I.』前半ってあんな感じでしたよね。

大森｜ああ、前半の、トーンが違うところ。

樋口｜ロボット狩りとかするあたりの。スピルバーグが苦手な近未来もの。異世界作るとたんにおかしくなっちゃう。現実世界に異物をポンと置くと素晴らしいんですよねえ。というように私はスピルバーグだと語れる（笑）。

大森｜結局、スピルバーグの異世界は、SFよりもおとぎ話に近くなっちゃう。

――『狂気の山脈にて』のように、潰れた企画が多いですね。

樋口｜向こうの知り合いに聞くと、キャンセルになっちゃうのが意外と多い。ピッチするために、自分のプロダクションで重役に見せるためにほとんどのストーリーボードとデザインを全部作って、やるんだけどダメになった、というのがものすごくあって。

フィルムメーカーとして もっと評価されていいトム・クルーズ

大森｜そういえば、ぜんぜん別の話ですけど、神林長平の『戦闘妖精・雪風』も、『オール・ユー・ニード・イズ・キル』のあとに映画化権が売れてたんですよね。あれも、トム・クルーズがやるって言って。

樋口｜トムがそのへん、根こそぎ買ってるんじゃないかって。

大森｜実は、ディックとか好きなオタクの人。本人のイメージとセルフイメージが全然合ってない。

樋口｜トム・クルーズはフィルムメーカーとしてもっと評価されていいんじゃないか。ワーカホリックで。時間が空いたからこれ撮ろうというのをすごく持ってるじゃないですか。

大森｜ちゃんと作り上げますからね。しかも、企画も通るし。実現度が高い。

――『狂気の山脈にて』は、デル・トロとトム・クルーズが組んでやろうとしてた。

大森｜ジェームズ・キャメロン製作、デル・トロ監督、トム・クルーズ主演のラヴクラフト映画という夢の企画だったのに（笑）。そう考えると、トム・クルーズは、ホントはオタクな映画をやりたくて仕方がないのに、なかなか本人のキャラとマッチしないという、ふつうと逆の意味で可哀想な人かもしれない。

樋口｜『ミッション・インポッシブル』シリーズでいろんな監督を発掘したりと凄い人だなと思いますけどね。

大森｜フットワークが軽いし、見る目もある。

樋口｜『雪風』もトム・クルーズがやろうとしてたんですか？

大森｜そうです。原作の英訳を読んだかどうかまではわかりませんけど。

幽霊はむしろ主人公サイドにいる

大森｜デル・トロの映画は、ヒーローもの以外はだいたい、この世界に居場所がない人が幻想の世界へ誘われるタイプですよね。

樋口｜ファンタジー寄りに、軸足がそっちに入っちゃう。『パンズ・ラビリンス』がそうだし。『クリムゾン・ピーク』も若干そう。

大森｜あの幽霊が。ああいうの好きなんですね。『デビルズ・バックボーン』のときから、幽霊はむしろ主人公サイドにいる。幽霊が敵対的じゃないんですよね。『クリムゾン・ピーク』も、考えたら異様じゃないですか。あんなの出てきたら、普通はもっと怖がりそうなのに、あんまり引かない。半魚人と同じような扱いで。

樋口｜あれを見ているとなんでっていう。ファンタジーになった時の強引さみたいなのがあるじゃないですか。

大森｜人間じゃないものに対するシンパシーが前提になってる気がしますね。幽霊にしても、そういうものが見えることのほうが自然なんだと。『クリムゾン・ピーク』だと、最初にお母さんの亡霊から謎の警告があって。ヒロインが自分でゴシック・ホラー系のゴースト・ストーリーを書いていて、幽霊は実在するんだって作中で言っているのが振りになってるけど、そうは言っても、幽霊の造形はああいう感じですからね（笑）。観客は怖がるけど、ヒロインはそうでもない。『シェイプ・オブ・ウォーター』でも、最初からグイグイ行くじゃないですか。半魚人を見ても、引かない。気持ち悪いという風には思わないという。そこの距離と近すぎるところが、普通の観客と若干ズレているかもしれない。『クリムゾン・ピーク』は、意外なくらい普通のゴースト・ストーリーでしたけど。

樋口｜古典的な。

大森｜ミステリー的な要素もあり。やっぱり、ああいうのもやりたいんでしょうね。

樋口｜路線として。『ＭＡＭＡ』のクリーチャーのテストフィルムってすげえ怖いんですよ。最終的にはＣＧになっちゃって、ＣＧだと怖くないんだよな。作り物でギクシャク動くほうが悪夢みたいな仕上がりなんですよね。（スマホでYouTubeを流す）

大森｜（画面を見ながら）日本ぽい。

樋口｜『呪怨』とか『リング』みたいな。死ぬほど怖いんです、これが。ＣＧでやると演出的なコントロールが使えなくなって。機械工作で仕様書通りにやってます、うちは、みたいな。

大森｜発注に問題があるんじゃないですか。

樋口｜もちろん、発注に問題があるんだけど。何がいいかを考えている俺たちは、工業製品を作っているマインドの人とは合わなくなるんですよ。やりづらくなってきて。造形物でやっちゃおうというのはわかる気がするんですよね。

大森｜自由度でいうと、日本の方がまだ自由度が高い？

樋口｜あ、でも、日本もだんだん一緒になってきてますよ。十年二十年の間って、お試し期間みたいなところ、あったんですよ。それが産業として取り組もうとしていたり。

かつてのティム・バートンじゃないですか。デル・トロは、昔ティム・バートンが座ってた位置にいますよね。ティム・バートンが結婚して幸せになったので。心の闇に光が差し込んで。言ってみればティム・バートン的な寓話をより皮膚感覚に近づけたようなものじゃないですか。本人も何かしら意識していると思うけど、うまい感じでエンターテインメント映画が持っていた闇を、ビジネスとしても作品としても成立する形で受け継いで行っている気がして。ティムは遠くに行っちゃったけど、この闇の世界への入り口の門番にはギジェルモがいると。

大森｜いまやティム・バートンは楽しそうに『ダンボ』をやってるけど、デル・トロがその不在を埋めたわけですね。

樋口｜デル・トロの次回作は『ピノキオ』とい

う話ですよね。向こうにいる友達が、ずっとピッチをしていていたのが『ピノキオ』だったのですが、監督がフランシス・フォード・コッポラなんですよ。コッポラがずっとピノキオをやろうとしていて、五、六年前でそんなに前じゃないんですよ。結局キャンセルされてCGやってても自分でなんかやりたいと思ってもＩＬＭとかデジタルドメインとか、ファシリティーに入ったら、今ってクリエイティヴを一切できないんですよ。それこそ仕様書があって、いついつまでに作れって。仕様書の通りに作るシステムの一部にならなくちゃいけない。それがいやだったら、それぞれの映画製作会社が作品ごとに作る仕様書の基を作ること。仕様書の基を作るヴィジュアル・エフェクトのスーパーヴァイザーがいるらしいんですよ。それは製作会社から雇われる人で。その役職は映画のクレジットを見ると最初に出てきますよ。撮影監督とかと一緒に。ＣＧのカットを設計するためのスーパーヴァイザー。その部下が十五人ぐらいいるらしいんですけど、『ピノキオ』の時に彼はその中に入って、最中の時は守秘義務があって教えてくれないんですよ。ポシャった瞬間に『ピノキオ』がさ、って。自分で作りたいという企画があった場合、そこに監督もずっと詰めてやってるらしいですよ。でスケッチやマケット（雛形）とかの成果物を大きな倉庫にならべて映画会社の重役にプレゼンするんですってコッポラが。それでも実現しなかったらしいんです……。

『パシフィック・リム』も誰かの企画の引き継ぎなんですよね。時間がないなかで、完成まで持って行った。

大森｜そう思うと納得できますね。自分がゼロから立ち上げた企画ならこうはならないだろうな、と。

樋口｜全然準備の時間がないのと予算削減で、あの辺の怪獣は全部足から下は同じじゃないですか。基本同じ形のものをいじっているだけ。

大森｜それで、怪獣の種類は違っても遺伝子はぜんぶ同じだというウルトラＣの設定を（笑）。科学ネタの入れ方は毎回うまいですね。あの、怪獣オタクの人たちの使い方も素晴らしかったし。

樋口｜あの二人はいいですよね。

大森｜２にまで、あの設定が引き継がれて。

樋口｜どうしても、あの人がＪ・Ｊ・エイブラムスに見えるんですよ（笑）、片方が。当てこすりなんじゃないかなというぐらいに。あの、しゃべり続ける感じとか。

大森｜あの、怪獣の生態とか、調べて解決策にたどり着く辺りは怪獣映画らしい。平成ガメラっぽい感じが。

樋口｜ロン・パールマンが出てくるあたりとか、悪ふざけ。意外とあそこまでの悪ふざけってないじゃないですか。他のフィルモグラフィ見たときに生真面目っていうか。アメリカ人はこういうの好きなんでしょみたいな。

大森｜微妙にすべってるけど。

樋口｜あそこまで笑いを取るとこないじゃないですか。笑いを取ろうとして、ちょっと失敗してるじゃないですか。そこも可愛いところではあるんですけどね。

SFというより科学のギミック

――最後に、いちばん好きなデル・トロの

映画を挙げて下さい。

樋口―やっぱり『ヘルボーイ2』（『ヘルボーイ／ゴールデン・アーミー』）。

大森―僕も、好き嫌いでいうと、『ヘルボーイ2』がいちばん好きですね。

樋口―最後、泣いちゃいますからね。

大森―彼女とうまくいかなくて、ヘルボーイとエイブが歌を聴きながら二人で酒を飲んでるところとか、ボンクラぶりが素晴らしい。

樋口―揺さぶられる感情がめちゃめちゃパーソナルなくせに、規模がでかいじゃないですか。それがいいな。どうしても規模が大きくなる分、揺さぶられる感情とか薄まっちゃうというか。

大森―『ヘルボーイ』の1では、クールなブルーに対して、レッドが熱くて。2になると、ブルーも彼女ができたとたん、熱いキャラになって。最後のところで、世界を滅ぼしても彼女を救うと言う。

樋口―ああいうのいいですよね。ああいう感情の盛り上がりを見ると、『パシフィック・リム』だと菊地凛子が向こうに奪われて、間もなく怪獣と合体するのを取り返しにいくような永井豪的な流れを期待しちゃう訳ですよ。遺伝子レベルで融合を始めると逆行が始まって芦田愛菜になって怪獣と融合して、いちばん守らなきゃいけない愛すべき者が異形になっていく、みたいな。まあ出資者の前ではたぶん覆せないんでしょうけどね。

大森―そういう意味では、企画の枠と、デル・トロの作家性のバランスがいちばん取れているのが『ヘルボーイ2』かなと思いますね。

樋口―またああいうのを作ってほしいなと。無責任なファンのようなことを言うのもどうかなと思うんですが、大好きですよ！

大森―『ブレイド2』もいいですよね。

樋口―紹介編よりも続編の方が変奏曲的なディティールを詰め込みやすいのかもしれません。

大森―SFファン的には、デル・トロはつねに細かく理屈を入れていって、そのセンスがいいという印象がある。ドラマの『ストレイン／沈黙のエクリプス』なんかもそうですね。神話伝説的なネタと、現代科学のネタの両方をうまくマッチさせて。『ミミック』でも、病気の媒介生物になるゴキブリどうやって退治するかで、シロアリのDNAとカマキリのDNAを組み合わせて天敵をつくりだすとか。出してくるものが、映画的にもっともらしい……。

樋口―理系の。SFというより科学的ギミックが多い。

大森―そこがトンチンカンでなくて、ギリギリありっていう線になっていて。

樋口―SFファンも納得みたいな。

大森―『パシフィック・リム』の怪獣にもそのセンスが生かされている。遺伝子がぜんぶ同じっていうのはよかった。

樋口―その代わり全身タトゥーのダニー・トレホっぽくつながっている。いたるところにタトゥーだらけの怪獣とか、ルチャリブレのマスクとか、日本じゃないな。日本って鎧にしちゃう。メキシコオリジナルの人なんだな、と思いますね。

――ありがとうございました。

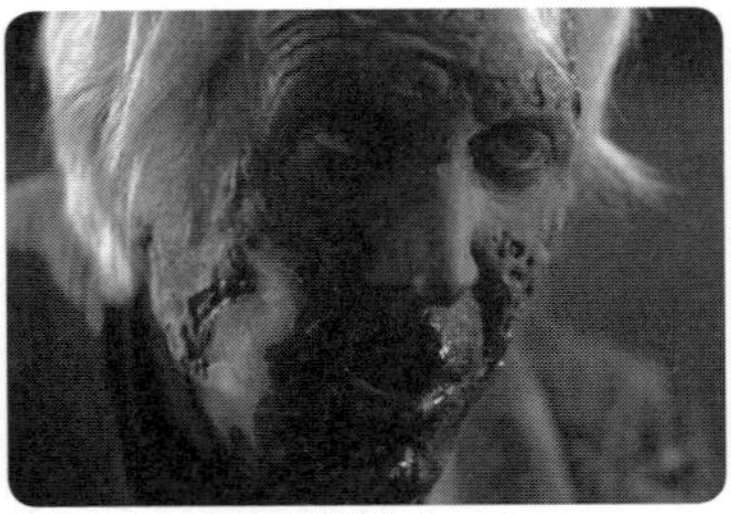

作品論 01

クロノス

闇の世界への引力と陽光に包まれた現実の世界

金原由佳
Kimbara Yuka

ギジェルモ・デル・トロの記念すべき初の長編映画『クロノス』はカチコチと時を刻む秒針の音がいくつも重なりあって、幕を開ける。人は生まれ落ちた瞬間から、いつか訪れる死への瞬間まで、それぞれの生の持ち時間を抱え、時を刻み、あがいて生き続けるしかない。だが、人間とは愚かなもので、その持ち時間を少しでも延ばしたいと願い、永遠の命を持つ者への憧れを物語にし、絵に描き、クリーチャーを生み出した。デル・トロの映画には、現実の世界と並行して、ここではない悠久の時間を生きる者が必ず存在し、彼らは自分が棲息する闇の世界へと手招きする。こちらにおいでと。

『クロノス』は時を巡る映画である。主人公、ヘスス・グリスは骨董店を営み、そこには何世紀も前に作られた工芸品が並んでいる。劇中、その骨董店の時を刻むように大きな掛け時計が出てくるが、これは実際、デル・トロの祖父の家に飾られていたものだという。

この作品のタイトルから容易に想像できるのは、紀元前六世紀のギリシアの哲学者、シュロス島のペレキュデースが「Heptamychia」で創作した時を司る神、クロノスである。瞬間、時刻を指す「カイロス」と区別して、クロノスは流れ続ける時間を指す。映画『クロノス』で永遠の命を欲しがっているのは、デ・ラ・グァルディアというメキシコの大富豪。現代の医学ではもはや手の施しようもない疾患をいくつも抱える彼は一五三六年に、ヨーロッパからメキシコへと逃亡してきた錬金術師の遺した不老不死に関するノートに取りつかれている。そこにはクロノスと名付けられた精巧なゼンマイ仕掛けの機械について記されていて、彼はそれを秘蔵する天使の像の行方を血眼になって探している。まさに、時の神、クロノスに相応しい物語である。

　ところが、デル・トロはややこしいことに、先述の時の神を示すKhronosではなく、ギリシア神話に出てくる農耕の神、CRONOSの方のタイトルを選んでいる。こちらのクロノスはギリシャ神話における最初の支配者であるウラノスの横暴を咎め、実の父の男根を斧で切り落とし、追放した神である。しかし、因果は巡り、自分が父になったとき、今度は成長した息子ゼウスに王座を追われることとなる。クロノスとゼウスが起こした神々の大戦（ティタノマキア）をきっかけに、それまで平穏に暮らしていた人間たちも神々にならって争い、欲しいものを奪いあうようになった。

　映画『クロノス』はかなり乱暴な見方をすると、永久の命を与える謎の機械、クロノスを巡る主人公、ヘスス・グリスとクラウディオ・ブルックの争いの様が描かれ、そこにギリシア神話からの引用を見て取ることができる、と言えないこともない。ただし、後世の人間は時の神Khronosと、農耕の神cronosをしばし間違え、混同し、デル・トロのアイディアもどんな古典からの引用も当てはまるような間口の広さを持っている。まるでいろんな収集物であふ

クロノス

れかえるヘスス・グリスの骨董店のように。そして多くの映画作家がそうであるように、映画『クロノス』にも、ギジェルモ・デル・トロがその後、延々とスクリーンの中に刻印していく彼独特のアイディアの原型をいくつも見つけることができるのだ。

　例えば彼が偏愛を隠さないゼンマイ仕掛けの機械である。この作品に出てくるクロノスは金でできていて、表面には細かい彫金が施されている。ゼンマイを巻くと、六本の脚が出てきて、その先端の針が人間の皮膚にしっかりと食い込み、離れない。英語の文献ではBEETLEをモチーフにしたとあるが、甲虫の種類は実に多い。多くの人はスカラベと考えるが、これは理にかなっている。古代エジプトではスカラベは神であり、復興と再生に関わる神として崇拝された。代々の王は王家の名前や勲功や称号を刻んだ自分自身のスカラベを持ち、王家の文書の印書としても使った。糞虫であるスカラベは丸い糞玉を作り、東から西へと転がしていく。エジプト人はこの虫の習性を、太陽が毎日通る道と重ね、糞球を太陽の象徴と見なした。

　主人公であるヘススはある日、この機械を古い天使の像から見つけるのだが、きっかけは像の亀裂からゴキブリが這い出てきたことにある。ゴキブリもまた、デル・トロが何度も映画の中で登場させる大好物のアイテムであるが、ゴキブリもスカラベも野外で動物の死体や嗄れた食物質を食物とし（スカラベは動物の糞を集め）、ど

ちらも他者の出したゴミを処理し、除去する点で共通する。しかしながらなぜゴキブリがあれほどまでに嫌われ、スカラベが尊いものとされるのか、その違いはスカラベが太陽の象徴であるのに対し、ゴキブリは夜行性で闇に紛れるからだ。映画『クロノス』はメキシコの燦燦と輝く明るい世界から、クロノスを使うことで、若返りと引き換えに、闇の住民へと転じていくヘススの変遷を描くが、その対比にスカラベとゴキブリはまさに最適だ。では、クロノスの中で生きる生命体はなんであろうか。ナルティテルメスシロアリの女王は卵巣が大きく、自分では動けないが、周囲の世話で百年近く生きる。ただ、クロノスの針で吸血した際、何かしら宿主に恍惚とさせる物質を送り込むことを考えると、蚊や蜂のような毒針を持つ昆虫でないとなかなか理屈に合わないが、それが何かを想像することはデル・トロの創作の過程を伺い知る上でも楽しい作業である。

さて、この作品の大きな存在は寡黙な少女。ヘスス・グリスの孫娘、アウロラである。

彼女は後の『シェイプ・オブ・ウォーター』のイライザの原型そのものである。どちらの作品もなぜ、言葉を発さないのか、その理由を明かさない。アウロラは優しかった祖父がクロノスを使うことで、どんどん怪しい存在となっていくのだが、常に寛容で、彼の変化も騒ぎ立てることなく見守り続ける。デル・トロはこの祖父と

クロノス

アウロラの関係性は、小さかった時の自分と祖母の関係の反転だと説明する。メキシコの第二の都市、グアダラハラで生まれ育った彼は七歳の頃にはもう、吸血鬼やフランケンシュタインの物語に魅入られ、ありとあらゆる古典や怪奇小説を読んでいた。その事実を敬虔なカソリック信者だった祖母は受容することが出来ず、時に彼女から聖水を浴びせかけられ、悪魔祓いも強いられたという。八歳で父親からスーパー8を譲り受けた彼はジャガイモのシリアルキラーを使って兄弟を殺すような物語を空想しては撮影し、十三歳の時には病院で偶然、廃棄された数多くの胎児の死体を目撃し、神の存在を否定するようになった。

映画『クロノス』の中で信じられる存在は神でも天使でもない、まだ死の意味すら理解していない少女アウロラだけだ。瓶のふたを敢えて靴の中に入れ、それを履いて学校に行くことを強要し、キリストが受けた痛みを忘れないように、と指示した祖母への答えなのか、デル・トロは『クロノス』において、優しい祖父から吸血鬼へと変貌していく男にあえてヘスス（Jesus）と、そしてヘススをつけ狙う富豪の甥にアンヘル（Angel）と名付け、血で血を洗う戦いを挑ませる。互いに愛はあったが、宗教観で相いれなかった祖母と孫の関係性を、彼は映画では良き理解者に仕立て直している。彼はアウロラを自分自身の分身として話すが、同時にヘススも、アンヘルも、そして永遠の命を熱望するデ・ラ・グァルディアも自分自身

であると明かしている。彼の映画に出てくる傷ついた少女は、多くの映像作家が好んで描く少女の受難劇の趣とは違い、可哀そうな少女を眺める被虐的な視線は薄い。それは、少女を他者ではなく、当事者の目線で描いていることが大きい。アウロラはやがて『パンズ・ラビリンス』のオフェリアとなり、『シェイプ・オブ・ウォーター』のイザベルへと転生し、彼女たちは赤い靴を履いて、出会ってしまった闇の世界の住民に心を寄せ、その存在を深く受け入れるのだ。

このアイディアをデル・トロは十代の時から持っていたが、美術や特殊メイクにある一定のクオリティを求めるため、時間も費用も必要とし、彼はメキシコで初めての特殊メイクのスタジオ、Necropiaを作り、アメリカの第一人者、ディック・スミスに師事し、十年かけて会社を育て、そして非営利団体のfilm institutes and nonprofit organizations in Mexicoから20%を、残りは自分と両親の借金で、バジェット二百万ドルで製作にとりかかる。ヘスス役に選んだアルゼンチン生まれのラテン圏のスター、フェデリコ・ルッピも、アンヘル役のロン・パールマンも、そして撮影監督を務めたギジェルモ・ナバロもこの後、デル・トロ映画の常連となり、彼が作る悠久の王国作りの欠かせぬ一員となっていく。

Richard Reynoldsによる二〇一〇年のウェブインタビューで、彼はF・W・ムルナウの『吸血鬼ノスフェラトゥ』(1922)、カール・テオドール・ドライエルの『吸血鬼』(1931)、マリオ・バーヴァの手掛けたドラキュラもの、テレンス・フィッシャーの『吸血鬼ドラキュラ』(1958)、ポール・モリセイの『処女の生血』(1974)、キャサリン・ビグローの『ニア・ダーク／月夜の出来事』(1987)、フランシス・コッポラの『ドラキュラ』(1992)、トーマス・アルフレッドソンの『ぼくのエリ　200歳の少女』(2010)とお気に入りのヴァンパイア映画のタイトルを挙げているが、『クロノス』は同じジャンルとは思えないほど、テイストが違う。冒頭に、最後の錬金術師といわれ、一九二六年に「大聖堂の秘密」を、三〇年に「賢者の住居」を発表して注目を集めながら、その後、姿を消したフルカネリを彷彿させる人物を登場させていることもあるだろう。その錬金術師の遺した機械で偶発的に永遠の命を手に入れながら、ヘススは吸血鬼と変貌し、異形の存在となってしまった自分を変わらぬ姿勢で受け入れ続ける孫娘の大きさに引っ張られ、闇の世界の住民として生き続けることではなく、メキシコの黄金色の光に包まれながら、生を終えることを選ぶ。ここにきて、ゼンマイ仕掛けのスカラベの形が強烈に効いてくる、スカラベは天地創造の太陽神ケペラの化身でもあるからだ。どんなに夜に焦がれようと、必ず朝が来るように、デル・トロの映画は闇の世界への引力を感じながらも、陽光に包まれた現実の世界もまた、手放すには惜しい眩さにあふれる。

この、資金に苦労して撮影された『クロノス』は一九九三年のカンヌ国際映画祭のメルセデスベンツアワードを受賞し、メキシコのアカデミー賞といわれるAriel Awards, Mexicoでは七部門での受賞を果たす。一方、大きな損失ももたらし、クランクアップの日、撮影で使われた本物の金やシルバーで作成されたゼンマイ仕掛けのクロノスの十三のオリジナルは誰かの手によって盗まれ、今、デル・トロの手元にあるのは複製である。また、創作にあたって膨大なメモが書かれた手帳は、制作中、金欠で食事も満足にとれていなかったデル・トロが、好きなだけ食べていいと言ってくれたジェームズ・キャメロンへのお礼として差し出され、それはそのままキャメロンの家のどこかへと埋没してしまった。貴重な創作のアイテムは彼の手元から引き離されてしまったが、その穴を埋めるようにその発想は、その後の作品で形を変えて再生され、その都度、強靭なイメージへと塗り替えられることとなる。

――〝聖スカラベ　私は大きなコガネムシ　神の懐成る聖なるエキスの中に住み、飛び回ってケペラになる〟

「エジプトの死者への祈り」より

クロノス

［参考文献］
「ギレルモ・デル・トロ創作ノート」（DU BOOKS・disk UNION）
「ギレルモ・デル・トロの怪物の館　映画・創作ノート・コレクションの内なる世界」（DU BOOKS・disk UNION）
「昆虫学大辞典」（朝倉書店）
「虫たちの化学戦略」（ウイリアム・アゴスタ／青土社）
「わ、ゴキブリだ！」（盛口満／どうぶつ社）
http://www.fanboy-confidential.com/articles/exclusive-interview-guillermo-deltoro-talks-criterion-and-cronos/
http://imdb.com

『パシフィック・リム／アップライジング』

『ダーク・フェアリー』

作品論 02

ミミック

デル・トロのハリウッドデビュー作は不吉な死屍累々の物語

三留まゆみ
Mitome Mayumi

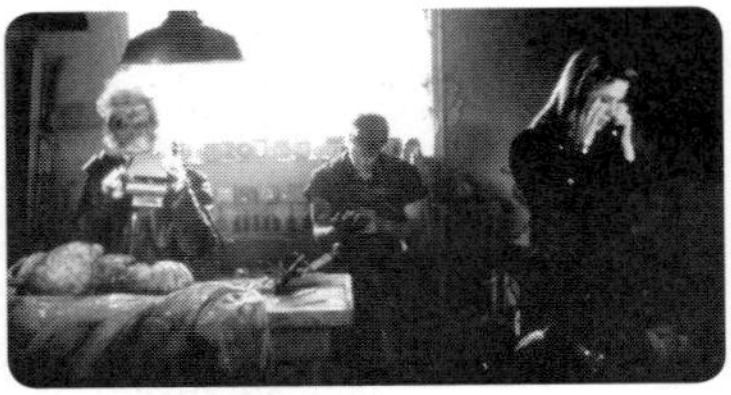

それは三十二歳のデル・トロとってバラ色のハリウッド・デビューではなかった。

自国メキシコでのデビュー作『クロノス』(93)で、一九九三年のカンヌ国際映画祭批評家週間大賞を受賞し、同年のメキシコ・アカデミー賞九部門を制覇した新進気鋭の監督ギジェルモ・デル・トロに、飛ぶ鳥を落とす勢いのミラマックスが声をかけたのは当然の展開だっただろう。ハーヴェイ&ボブ・ワインスタイン兄弟による映画会社ミラマックスはクエンティン・タランティーノをはじめ、若い才気あふれる監督たちにチャンスを与え、大胆で挑戦的な作品で映画界を揺さぶり、海外の秀作もこぞって配給していた。だから、デル・トロもこの『ミミック』(97)で華々しくハリウッド映画に登場するはずだった。が、映画は初期の段階から困難を極めた。まず、プロデューサーのボブ・ワインスタイン(弟)がデル・トロの脚本に難癖をつけた(生物についての説明が足りないという)。そして、キャスティングにもものいいがついた。結果、何人もの脚本家が手を入れることになり、最終的にはワインスタイン(弟)までもがそこに加わった。筆者の友人の脚本家も行っているが、脚本のクレジットに何人もの名前が並ぶ映画は脚本で揉めた作品である。船頭多くして船は山に上がり、物語は原点から遠ざかっていく。『ミミック』のクレジットにあるのは『ニューヨーク東8番街の奇跡』(87)のマシュー・ロビンスとデル・トロのふたりのみだが、ノン・クレジットでジョン・セイルズとスティーヴン・ソダーバーグ(デビュー作『セックスと

ミミック

嘘とビデオテープ』はミラマックス作品）が参加している。

クランクイン後も現場は混乱を極めたようだ。とにかくありとあらゆる場面でダメ出しが出た。デル・トロは常時、スタジオとワインスタイン兄弟と闘わなければならなかった。『ミミック』撮影中に彼は父フェデリコの誘拐事件に遭遇しているのだが、映画を巡るトラブルの方がヘヴィだったと回想している。「少なくとも誘拐事件の方が理論的だった。なぜなら犯人がなにを求めているのかが明快だったから」（二〇一七年十月のBFIロンドン映画祭にて）。事件で犯人は百万ドル（約一億二千万円）超の身代金を要求したという。デル・トロが全財産を投げ打ってもその金額にははるかに届かず、友人であるジェームズ・キャメロンが肩代わりしてくれた。父親は事件発生から七十二日後に解放された。

キャメロンとの出会いは『クロノス』だった。お互いの才能に惚れ込み、意気投合したふたりは、以来、刺激し合いながら作品をつくり続けている。キャメロンに「『機動警察パトレイバー』を観ろ！」といわれたデル・トロがその影響をばりばりに受けて『パシフィック・リム』（13）をつくったのは有名な話だし（そう、「ガンダム」ではなく「パトレイバー」だ！）、キャメロンに『アリータ』の原作「銃夢」を教えたのはデル・トロだった。けれども『シェイプ・オブ・ウォーター』（17）のクレジットのスペシャル・サンクスにキャメロンの名前を見つけたときにうるっときたのは、一九九八年のアカデミー賞授賞式でキャメロンが『タイタニック』でもらったオスカー像でハーヴェイ・ワインスタイン（兄）を殴りかけた話を思い出したからだ。『ミミック』でデル・トロがミラマックスと交わした契約がいかにひどいものであったかを、彼が現場でどれだけの目にあったかをキャメロンは知っていた。そのキャメロンにワインスタインは、よりによってデル・トロの話をしかけてきた。「彼は素晴らしいアーティストだ」と。そして、口論になった。それは生中継のCMのあいだに起こったことで、関係者たちが止めに入り、なんとかことなきを得たが、その後のことを考えれば、一、二発殴っておいてもよかった気がする（ここで改めて書くまでもなく、『シェイプ〜』のストリックランドはワインスタインそのものだろう）。

ワインスタイン兄弟は『ミミック』でデル・トロを潰した。心身共に疲れ果て、映画をあきらめかけていた彼を救ったのはペドロ・アルモドバルだった（彼もまた『クロノス』を絶賛していた）。母国語を共にするスペインでつくったその素晴らしい映画については『デビルズ・バックボーン』（01）の項にゆずるとして、けれども、アルモドバルしかり、キャメロンしかり、デル・トロが愛すべき人物、愛されるべき人物であることはたしかだろう。そうそう、『ミミック』の第二班（セカンド・ユニット）監督はロバート・ロドリゲスだった。ミラマックス映画『フォー・ルームス』（95）や『フロム・ダスク・ティル・ドーン』（96）つながりではなく、彼らは以前からの友人で、ロドリゲスに

キャメロンを紹介したものもデル・トロだった（その出会いがふらっと入ったビデオ・ショップだったというのも彼ららしい素敵な偶然だ）。

もうひとつ、つけ加えれば、その後の「#Me Too」運動で明らかになったようにハーヴェイ・ワインスタインは、ヒロインのミラ・ソルヴィノ（筆者らの世代では登場時は「あのポール・ソルヴィノの娘。だけど美人！」という位置づけだった）に迫り、拒絶された腹いせに彼女のキャリアを潰している。当時の恋人、タランティーノ（ワインスタインとは『レザボア・ドッグス』からのつきあいだ）は彼女がセクハラにあっていることを知りながら、なにもしなかった。彼は自分のキャリアを優先し、結果、才能ある女優は長い時間、干されることになる。

『ミミック』はスタイリッシュで不吉なクレジット（タイトル・デザインは『セブン』のカイル・クーパー！）ではじまる。ニューヨーク、冬。子どもだけを襲う原因不明の奇病＝ストリックラー病。強い感染力。致死率はほぼ百％。発生から二年が過ぎるもいまだワクチンなし。そんな絶望的なニュース映像に無数の昆虫のショットがはさまれる。ピンでとめられた虫。パラフィン紙に「保存」された蝶。パラフィン紙の中でバラバラになった蝶の羽。生きているカマキリ。生きているアリ。標本箱。うごめく虫のシルエット。ピンでとめられてもまだ動いている虫。幼い子どもの写真もある。笑っている写真。泣いている写真。洗礼式の写真。みな、この病気の犠牲になった子どもたちのものだろう。それらの写真も標本用のピンでとめ

ミミック

られている。そして、最後のショットでさっきの虫が自力で標本台から逃れ、ピンが刺さったまま画面の外に消える。物語の行方を暗示する胸騒ぎのオープニング・クレジットだ。

ヒロインの昆虫学者、スーザン・タイラー博士（ミラ・ソルヴィノ）の登場シーンが礼拝堂のようなカソリックの病院（ロケはオンタリオ湖畔にあるRCハリス水処理プラントで行われた）であるように、本編には宗教的な要素があちこちにちりばめられている。子どもたちを救うために彼女が遺伝子操作でつくり出した新種の昆虫の名前が「ユダの血統」。シロアリとカマキリ（この二種は分類学的にはゴキブリに近い）のＤＮＡを配合させてつくった「新昆虫」はストリックラー病を媒介するゴキブリをその分泌液で殲滅させ、その後はＤＮＡに組み込まれた自殺遺伝子によって自滅するはずだった。創造主であるスーザン自身による放虫後、事態は沈静化。ＣＤＣ（疾病対策センター）はストリックラー病の撲滅宣言をする。そして、彼らは自分たちが放った（つくり出し、自殺遺伝子を組み込んで使い捨てた）生物のことを忘れた。

それから三年。最初の犠牲者は牧師だった。教会の向かいのアパートで祖父と暮らす少年は雨の中、屋上から落下した牧師を地下へと引きずり込むロングコートの男を見ていた。同時にカタカタという奇妙な「靴音」も聞いた。「ファニー、ファニー、シューズ」。手に持ったふたつのスプーンを鳴らして彼はつぶやく。中南

米からの移民らしいこの子の名はチューイ（アレクサンダー・グッドウィン）。敬虔なクリスチャン（カソリック）である祖父マニー（『流されて』のジャンカルロ・ジャンニーニ！）は彼を「特別な子」と呼んでいた。少年は言葉のコミュニケーションは苦手だが、針金細工が得意で、祖父の仕事（地下鉄構内での靴磨き）の影響か、ひと目で相手の履いている靴の種類やサイズを判別し、スプーンであらゆる音を再現することができた。ネオンサインの十字架が掲げられた向かいの教会についてマニーはいう。「あれは十字架だが、神聖な場所ではない」。そこには多くのホームレスや難民が暮らし、プロテスタントの教会でありながら、マリア像や、聖人たちのステンドグラスもあった。

同じころ、スーザンの元にふたりの少年が「変な虫」を売りにくる。コーンフレークの箱に入ったそれは180日で死滅するはずの（一代限りの、まるでモンサントの種子のようにコントロールされた）あの新昆虫＝ユダの血統の幼虫だった。地下鉄構内に棲むホームレスが次々と姿を消し、街には「ロングコートの殺人鬼」の噂が広がっていた。スーザンは恩師であるゲイツ博士（F・マーレー・エイブラハム＝『アマデウス』のサリエリ！）を訪ねる。あの日、ストリックラー病撲滅宣言の記者会見を怒りと絶望で途中退場した彼は自分のふたりの孫が救われたことで彼女を許していた。が、ユダの血統が「生物学的には生存可能」であることを指摘し、こういった。「きみはユダをこの街に放った」。そう、ユダは創造主の裏をかいて生き延び、繁殖し、進化していた。しかも擬態（ミミック）という能力まで身につけて。

物語は、CDCの研究者で今はスーザンのパートナーでもあるピーター（ジェレミー・ノーサム）、その部下で友人のジョッシュ（ジョッシュ・ブローリン）、交通局（地下鉄）担当の警察官レナード（チャールズ・S・ダットン）が、行方不明になった孫を探すマニーが、それぞれ地下に潜ってから加速をつける。ピーターと地下鉄構内で待ち合わせていたスーザンもまたロングコートの男に擬態した羽のある新昆虫に地下深くへと連れ去られる。ロウアー・イーストサイドにあるデランシー（ストリート）駅には地下七階分の構造物があり（まるでルーの「オペラ座の怪人」だ）、途中にはもう何十年もむかしに廃止になった旧アーマリー駅があるという設定で、暗くて、凶暴な虫だらけで、卵の部屋まである、複雑に入り組んだそれはまるで悪夢のラビリンス、デル・トロのワンダーランドだ。

その地獄の遊園地にある乗り捨てられた地下鉄車両（まだ電源は生きている！）の中でスーザンたちは「ユダの血統」が未知のモンスターにまで進化していることを知る。彼らは恐るべきスピードで突然変異を繰り返し（ユダには代謝を活発にする遺伝子も組み込まれていた）、昆虫にはないはずの肺を持った。結果、成体は成人男性のサイズにまで成長し、被捕食者（被食者）である人間に擬態するようになった。つまり人間の天敵になったわけだ。彼らはすでに普

ミミック

通に街にいる。羽をコートにように体に巻きつけ、「人間の顔（マスク）」で近づき、獲物をしとめる瞬間を待つ。「突然、現れたのではない。以前からそっくりな姿で隣にいたのだ」という科学者的解説が怖い。遺伝子操作という神をも恐れぬ行為に「あんたらが人の姿に似た怪物をつくったんだ！」と非難するマニーはやっと見つけた孫の前で食い殺され、助けを求めに行ったジョッシュも惨死。レナードもカマキリの刃を持つユダに切りつけられ瀕死の重傷を負い、スーザンたちを助けるためにやつらの餌食になる。容赦なし。もう死屍累々の展開である。

いや、もう最初から死屍累々の物語なのである。原因不明の奇病で子どもたちが死んでいき、時間をおいて聖職者、「ユダの幼虫」を持ってきたふたりの少年、地下鉄の廃線に棲む「モグラ」と呼ばれるホームレスやヤク中、それから犬も「ユダの血統」に殺される（少年たちと犬についてはワインスタインへの反乱だったようだ）。信仰深い老人（マニー）も、黒人警官も待ったなしで食われてしまう。デル・トロは何人もの手が入って整合性を欠いた脚本をそのまま使い、意図してあちこちにほころびを残している。そのほころびが観ているものの想像力をかきたてる。メスには不妊処置を施したというが、ならば、なぜ彼らは増え続けたのか？「繁殖可能なオス（王様ユダ）は一匹しかいないはず」の根拠はどこにあるのか？説明はない。その地下鉄はセントラル・ステーションに通じていて、彼らを「始末」しなければ、「ユダの血統」が街中にあふれることになるというが、すでにユダは何度も地上に現れている。なによりも地下鉄は線路であらゆる駅につながっているのだ（ときにそれは地上に出て高架を走ることもある）。マンハッタン島の地下には他にも廃線になった線路や廃駅もあるだろう。デランシー駅の地下にだけに彼らの巣があるとは限らない。女王バチや女王アリと同じく、ひとつのコロニーに王様ユダは1匹だが、地続きにいくつものコロニーがあって、それぞれに生殖力のある王様ユダがいないとどうしていいきれるだろう。高度に進化した兵隊ユダ（すべてメスだ）はスーザンをさらった。その目的は交配と繁殖ではなかったか？（ピーターが彼女とのあいだに子どもを熱望していていまだ果たせずにいるという伏線もある）兵隊ユダは彼女を巣に運んだだけで殺さなかった。

クライマックス。これまで神を信じていなかった（であろう）スーザンは右手にマニーのロザリオを巻きつけ、幼いチューイの保護者（母）となって地上を目指す。ついに現れたオスとの対峙。その一瞬前にまるで『エイリアン』（79）のようなチューイとユダの遭遇シーンがある。チューイはおびえているが、果たしてユダは本当に彼を殺そうとしていたのだろうか？スプーンを鳴らし、「靴音」でユダたちと交信できるこの「特別な子」は地下のワンダーランドで彼らに命を奪われることなく生き続けていたではないか。そんな妄想をよそにスーザンはロザリオで左の手のひらに傷をつけ（聖痕だ）、その血で彼女の「子ども」であるユダを誘い、そして自らの手で滅ぼす。同じころ、ピーターはユダのコロニーを壊滅させるため、充満したガスに火を放つ。地上では複数のマンホールの蓋が吹き飛び、爆風とともに炎が吹き出し、車が飛ばされ、燃え上がって、大パニックに。命からがら脱出したスーザンとチューイにゲイツ博士がいう。「地下を見てきたが、すべて焼けただれていた。これでは（ユダは）生き残れまい」。それは同時にピーターの死も意味した。

が、物語はピーターの帰還＝ハッピーエンドで終わる。最初に気がついたのはチューイだった。消防隊員や警官で混乱する地下鉄の出口。その階段の下に白い影があった。体にはなにかを巻きつけているようだ。行き交う人に阻まれ、見えなくなり、そしてまた現れる。白いマスクをかぶっているようにも見えるそれはじっとして動かない。また、人ごみに消える。次の瞬間、ピーターが階段を上がってきた。「登山用の靴、サイズ10、茶色」。チューイの視線はずっとピーターの足元にある。見つめ合い、抱き合うスーザンとピーター。チューイもスーザンに抱きついている。けれども、その表情がさえないのはなぜだろう。彼は針金でつくった「ファニー、ファニー、シューズ」の怪人を握りしめている。その耳にはあの「靴音」が聞こえているのかもしれない。

チューイはヘスス（Jesus）の愛称でメキシコでは一般的な名前（『クロノス』の主人公もヘススだった）だ。スペルを見ればわかるようにジーザス（イエス）を表す。「特別な子ども」は新世代の神なのだろうか？

事件はガス爆発事故として片づけられるだろう。ホームレスを襲う「ロングコートの怪人」もやがて忘れられる。そして、スーザンは間違いなく妊娠するだろう。

『ミミック』の公開時のコピーは「遺伝子が泣き叫ぶ」。だが、正しくはこうだ。「遺伝子は泣き叫んだりせずに、静かに確実に進化し、侵略する」。

写真:Album／アフロ

作品論 03

デビルズ・バックボーン

幻想と現実を自由に行き来するギジェルモ・デル・トロの原点

立田敦子
Tatsuta Atsuko

集大成ともいえる『シェイプ・オブ・ウォーター』で米アカデミー作品賞、監督賞を受賞し、名実ともに映画界の頂点を極めたギジェルモ・デル・トロ。それから十六年前の二〇〇一年に完成された『デビルズ・バックボーン』（※日本での公開は、2004年）は、ある意味、『シェイプ・オブ・ウォーター』の原点ともいえる作品だ。

母国メキシコで製作された長編初監督作となるゴシック・ホラー『クロノス』で注目されたデル・トロは、ハリウッドから声がかかり、『ミミック』を撮った。だが、この作品では、プロデューサー陣と激しく衝突。つまり、ハリウッド的な映画システムの洗礼を受けたのだ。

すっかり疲弊したデル・トロは、自由なクリエーションを求めた。

そこで、思い出したのが『クロノス』の上映のため世界の映画祭を回っている際に出会ったペドロ・アルモドバルだった。『クロノス』をものすごく気に入っていると大絶賛し、〝いつか一緒に仕事をしよう〟といってくれた言葉を頼りに、四年後に、スペインのスター監督に電話をかけた。そして彼のプロデュースの元、スペインで撮ったのが『デビルズ・バックボーン』である。

スペイン内戦末期の一九三九年のスペインの荒涼とした荒野に建つ孤児院サンタ・ルチア。『クロノス』にも出演しているアルゼンチン出身のフェデリコ・ルッピ演じる老医師のカザレスと、アルモドバル映画の常連でもあるマリサ・パデレス演じる義足の中年女性カルメンが運営する孤児院は、ほとんど廃墟のようでゾッとする。

両親を亡くした十二歳の少年カルロス（フェルディナンド・ディエルブ）が、この孤児院にやってくるところから映画は始まる。少年は、暮らし始めるや否や、不思議な声や少年の亡霊を見るようになり、その亡霊の謎がストーリーの核となる。心霊ホラーというジャンルで語られることの多いこの作品を、デル・トロは、〝ゴシック・ロマンスと戦争映画の融合〟と解説している。意味深い言葉だ。

メキシコで生まれ育ったデル・トロは、インタビューで「少年時代は人とは違うことに疎外感を感じていた」と語ってくれたことがある。周囲の子供と比べると色が白く、髪もブロンド。運動も得意な方ではなかった。そんな彼を虜にしたのが、クリーチャーやモンスター映画であり、怪奇小説だった。他から見ると〝異様〟に見える存在も、疎外感を感じている少年からみると、むしろシンパシーを感じる存在だった、というのだ。この原体験が、彼のすべての映画作りにつながっていくワケだが、特に『デビルズ・バックボーン』、『パンズ・ラビリンス』、『シェイプ・オブ・ウォーター』の三作品は、彼の趣向をダイレクトに反映したパーソナルな作品といえる。

ゴシック・ロマンは、ホラー小説の源流といわれているが、デル・トロは、しばしばゴシック・ロマンスの元祖といわれているホレス・ウォルポールの小説「オトラント城奇譚」を引き合いに出す。中世イタリアの城を舞台に起こる、超現実的で奇怪な事件を描いたこの小説は、恐怖を与えるだけでなく、読者の美意識を掻き立てる。

デビルズ・バックボーン

写真：Album／アフロ

デル・トロは、『ミミック』製作時にも争点のひとつとなった、一種、アメリカ的ともいえる〝脅かし〟によって観客に恐怖を与えるのではなく、ゴシック・ロマンス的な怖さや恐ろしさを映画で表現することを『デビルズ・バックボーン』では成し遂げた。

例えば、通常のホラー映画では、幽霊は最初から姿を現すことはない。それは、音や音楽で観客の感情を煽り、クライマックスでその全容が明らかになる。けれど、本作における少年の幽霊は、初期から少年カルロスの前に姿を現す。もちろん、彼の霊はなぜその孤児院の中を彷徨っているのか、死因はなんだったのか、といった謎は終盤まで明かされないが。同様に、デル・トロは、少年の幽霊自体で、観客を怖がらせようともしない。彼は、カルロスや孤児たちに悪さをするわけではなく、むしろ、警告を与えているのであり、彼の本当の目的は、自分を死に至らしめた犯人に復讐することだということもわかってくる。霊は、絶対悪ではなく、ある意味、とても人間味溢れる存在なのである。クリーチャーやモンスターといった異質なものへのシンパシーと同様に、デル・トロは不当に扱われた者、忘れ去られた者たちを常に物語の中心におく。「すべてのものには理由があり、意味がある」とは、デル・トロが語ってくれた言葉だが、誰かから見て、邪悪な存在に見える霊は、正当な存在であるかもしれない。こうした世の中に対するデル・トロの見方すべてが、この作品の細部に流れているといっていい

だろう。いってみれば、この孤児院に住む人々はすべてそうした類の人々だ。老医師のカザレスは、二分脊髄症（デビルズ・バックボーン）で生まれた胎児をラム酒とクローブなどのスパイスで漬けた瓶をいくつも保有し、その液体を生薬として服用している。この彼は、カルメンを愛しているものの口にする勇気はなく、カルメンと若い職員のハチントとの情事も見て見ぬふりをするしかない。

ファシズムに傾倒し、暴力的なハチントは、悪役ではあるのだが、彼もまた親に捨てられた孤児で、この孤児院で育った傷ついた子供である。

一方、そうした弱さを露呈する男たちに対して、女たちは毅然とした強さを見せる。義足の女校長カルメンは、ハチントに体を委ねながらも、決して心は許さず（キスはさせないというシーンでデル・トロは、その意志を示している）、ハチントの策略を見抜き、出し抜く懸命さを持っている。若い女性教師コンチッタは、ハチントと恋人関係にありながらも、子供たちを守るために、命をも投げ出す覚悟をみせる。〝力〟ではない、女たちの勇気や強さ、賢明さ、ひたむきさへの礼賛は、デル・トロ映画には欠かせないものだ。

一方で、〝戦争映画〟である。この作品は一般的にいうところの戦争映画ではない。街から遠く離れ、荒野に隔離されたかのように建つ孤児院は、世の中で起こっていることとは一瞬、無関係であるようにも思える。だが、この作品にとって、スペイン内戦下、という時期は意味をもつ。一九三六年から三九年に勃発したスペイン内戦。マヌエル・アサーニャが率いた左派の人民戦線政府とフランシスコ・フランコが率いた右派の反乱軍との戦いは、一九三九年の四月一日に反乱軍の勝利で終結し、フランコの独裁政治が始まった。この内戦は、作家のヘミングウェイや写真家のロバート・キャパらも義勇軍として参加したことで、内戦ながら世界中に広く報道され、人々の興味を引いたことも特徴だ。そのため政治的分裂だけでなく、人々の間に、感情的な激しい対立も生んだといわれている。それは、友人や家族なども敵味方に分かれたといわれている。映画の舞台は、一九三九年だが、まだ内戦は終わっていない時期だ。戦車と同様に空からの空爆が大きな役割を果たしたといわれているこの戦争だが、飛んできた爆撃機から落とされ、中庭に刺さったままの不発弾が、象徴的に映し出されるのは、この戦争がもたらした人々の分断だ。また、出かけた街でカザレスが見かけた義勇軍の中国人を含む兵士たちの処刑など、孤立した生活を送りながらも、この物語が戦時下で起きていることを意識させる。

デビルズ・バックボーン

国家、あるいは体制による抑圧という状況は、デル・トロ映画ではおなじみのシチュエーションである。『パンズ・ラビリンス』では、スペイン内戦後のフランコ独裁政治時代が舞台に設定されているが、内戦で父親を亡くした主人公の少女は、フランコ政権の大尉である母親の再婚相手を嫌悪し、ダークなファンタジーの世界に潜り込むのである。また、『シェイプ・オブ・ウォーター』は、一九六二年のアメリカという米ソの冷戦下を舞台にしている。〝ソ連に勝つ〟ことをミッションとされている、米国の機密機関「航空宇宙研究センター」で展開される理不尽な人間模様は、まさに〝戦時下〟のそれと同じである。

さて、デル・トロ自身は、〝ゴシック・ホラーと戦争映画〟の融合といったが、『デビルズ・バックボーン』の要素はそれだけではない。さまざまなジャンルをミックスするのは、デル・トロスタイルの真骨頂だが、この作品には、他にもダークファンタジー、メロドラマ、ミステリー、西部劇、友情や子供たちの冒険譚といったテーマやジャンルが混在している。

前述のように、この作品を撮った時期のデル・トロは、ハリウッドに失望し、傷ついていた時期でもあった。その後、『ヘルボーイ』や『パシフィック・リム』などの成功もあり、今ではハリウッドとの適切な距離の置き方も覚え、友好的に付き合っているように見えるが、本作の製作時は、まだ若く、そんな余裕もなかったのだろう。アンチ・ハリウッドという裏テーマがそこここに見え隠れする。

すでに述べたように、音楽やヴィジュアルなどで脅かしというテクニックを使わない、幽霊を邪悪なものとして使わない、というホラー映画作法、アクションに頼らない戦争映画。また、アンチ・ハッピーエンドもそのひとつだ。

子供たちは、戦いを生き延びる。そしておどろおどろしい孤児院の館を出ることになる。満身創痍のままあるき出す彼らだが、それは果たしてハッピーエンドといえるのか。同胞が傷つけ合う内戦はまだ続き、彼らの庇護はまったく保証されない。最低限の安定した生活を保証されていた場所から、文字通り、荒野に放り出されたのだ。彼らに希望があるとすれば、それは自分たちの手で戦い、勝ち取る経験を得たことである。自由も希望も、自分たちで勝ち取らなければ、決して得ることはできない。子供だからといって、甘やかな未来を決して与えない。デル・トロのファンタジーとは、こうしたリアルな世界に直結しているものであり、ハリウッドのそれとは正反対の位置に属することを、このラストは高らかに表明している。それは、少年霊についてもいえるだろう。

理不尽に、そして無惨に殺された少年の霊は、復讐を遂げた後もまだ、イタリアのアーティスト、ピラネージの銅版画にインスパイアされたという不吉な孤児院の館にとどまり続ける。その魂はどこへ行くのか。

ラストシーンは、西部劇からインスパイアされたとデル・トロは語った。人間の欲望は尽きなく、ひとつの戦いが終結しても、人々の争いはまた続く。そうした人間の業を描くことは、彼が夢想家でなく、リアリストである証でもある。

写真：Album／アフロ

作品論 04

ブレイド2

ヴァンパイアたちは僕に任せてくれ

荻野洋一
Ogino Yoichi

「僕はウェズリー（・スナイプス）にこう言った。『ブレイドというキャラクターがまったく理解できない。もし僕があのヴァンパイアたちに会ったら、彼らの方を好きになるだろうから。ブレイドは君のものだ。君に一任する。だから、ヴァンパイアたちは僕に任せてくれ』って。そんな感じで映画は撮影された」*。

ギジェルモ・デル・トロが『ブレイド2』の打ち合わせのためにオフィスを訪れ、脚本と製作総指揮を兼ねるデイヴィッド・S・ゴイヤー、および主人公ブレイド役のウェズリー・スナイプスと初めて会った時、彼は開口一番、右のように切り出した。この発言は『ブレイド2』という映画がどのようなものであるか、そしてデル・トロという映画作家がどのような人であるかについて、象徴的に言い当てた言葉だ。これを聞いたゴイヤーとスナイプスはさぞかし苦笑したことだろう。私たちは武闘派の黒人スターの寛大さに礼を言わなければならない。というのも、「ブレイドというキャラがまったく理解できない」などと図々しくのたまうメキシコ人監督の放埒な申し出が受け入れられない場合、デル・トロのこんにちの地位もなかったかもしれないからだ。『ブレイド2』の興行的成功がなければ、彼の長年の夢だったダークホースコミックス社の名作漫画「ヘルボーイ」の映画化が実現することもなかったし、となるとその後の彼のフィルモグラフィーもまったく様相を異にしていただろう。

主人公のブレイドは、ヴァンパイアと人間の混血児である。妊娠中の母を襲ったヴァンパイアという種族を許せず、彼はヴァンパイアハンターとなる。彼にとっては父殺し（エディプスコンプレックス）である。ヴァンパイアと人間の混血はポップカルチャーの創作物ではなく、歴史的概念であり、東欧やロシアの伝説では「ダムピール（Dahmpir）」と呼ばれる。外見は通常の人間と変わらないが、ヴァンパイア同様に不死身の能力を有し、その鋭敏な探知能力を活かしてヴァンパイア狩りを生業とすることもあったそうだ。

本作の舞台はチェコ共和国の首都プラハ。撮影に一九二一年創設という市内の名門撮影所、バランドフ・スタジオを使用し、ロンドンでも追加撮影をおこなった。なぜか昔から東欧には怪奇が似合う。プラハといえば『巨人ゴーレム』（１９３６）が有名だし、ドラキュラの居城がルーマニアのトランシルヴァニア地方にあるからということが大きい。ハンガリー出身のベラ・ルゴシはドラキュラ役を演じてスターダムに上がり、フランケンシュタインの怪物役を演じたボリス・カーロフはイギリス出身であるにもかかわらず、わざわざ東欧風の響きをもつ芸名をつけている。このイメージ流布は通俗的な紋切り型に依拠するが、当の東欧がこのイメージを利用してもいる。バランドフ・スタジオは怪奇幻想趣味のハリウッド作品にとって良き製作現場を提供し、デル・トロもまたこの撮影所を気に入り、『ブレイド2』に引き続き、『ヘルボーイ』でも同撮影所を使用している。

ブレイド2

写真：Album／アフロ

時代の変化は、ヴァンパイアたちにも影響をもたらす。大勢のヴァンパイアたちがプラハの闇社会で肩寄せ合って暮らし、バイオテクノロジー企業を起業し、市内のクラブでは若きヴァンパイアたちがエレクトロビートに身体を揺らす。もうそこには、人里離れた居城で召使いを従えて悠然と独身生活を満喫し、「伯爵」などという敬称で恐れられる古き良きヴァンパイア像は存在しない。彼らはハイテク機材で武装し、ハンターの攻撃に備えている。そこへ、第三の勢力が登場――。より吸血能力を高めた新種のリーパーズ（死神族）である。リーパーズはなんとヴァンパイアさえ吸血の餌食とする。ヴァンパイアとブレイドの休戦協定、および当面の脅威たるリーパーズ討伐こそ、本作の主要テーマである。なんというアメリカ的な合従連衡だろうか。まるでソ連によるアフガニスタン侵攻に対するアメリカの極秘措置が、のちのアルカーイダを生んだように。ＣＩＡがメキシコの麻薬カルテルを撲滅するために、衰退したコロンビアの麻薬カルテルと裏で手を組むように。

現代のハリウッドは、まさにアメコミ映画の時代である。二〇〇八年に『アイアンマン』を皮切りにマーベル・シネマティック・ユニバース（以下ＭＣＵ）が始動し、次いで二〇一三年に『マン・オブ・スティール』を嚆矢としてＤＣユニバースが始動して以降、アメコミ映画は圧倒的に市場を席巻し、この十年間の猛威は『スター・ウォーズ』シリーズですら影の薄いものにしてしまった。そしてＭ

写真：Album／アフロ

CUの1本『ブラックパンサー』(2018)がついにアカデミー賞作品賞にまでノミネートされた現在、アメリカ映画とはアメコミ映画のことである、と言ってもあながち冗談ではないところまで来てしまった感がある。ニュー・ライン・シネマが一九九八年に始めた『ブレイド』三部作は、そうしたMCUの市場支配が確立する以前の牧歌的なアメコミ映画の息吹を残す、今となっては貴重な三部作なのかもしれない。

　ブレイドは、それまでスパイク・リーやフィリップ・カウフマンといった監督の、作家色の強い作品の印象が強い黒人俳優ウェズリー・スナイプスを、一躍アクションスターに祭り上げた当たり役だ。雑誌「映画秘宝」は二〇一九年一月号で「オールタイム アメコミ映画キャラ総選挙」という特集を組み、二位のウルヴァリンを大きく引き離し、みごとにブレイドが一位を獲得した。全身黒ずくめのレザースーツと黒サングラスという見た目といい、改造日本刀をひゅいひゅい言わせるデモンストレーションといい、敵を倒したあとの決めポーズといい、アメコミ映画ファン以外の者が見たら失笑してしまうショットの連続であり、まさにこれは思春期の男の子のために提供された「格好良さ」なのである。そしてそのスタイルは、スティーヴン・ノリントン監督の第一作『ブレイド』(1998)ですでに確立されたものだ。

　ではなぜ『ブレイド』の続編を、独自の美学と想像世界を追求してきたデル・トロがわざわざ作らなければならないのか。いささかB級の香りも漂う本作の演出を担当する者は、個性的すぎない職人肌の監督か、もしくは抜擢された新人監督が適任である。にもかかわらずデル・トロが引き受けた背景には、ハリウッドデビュー作『ミミック』での失敗がある。大組織の渦中で持ち味を発揮できぬまま撮影を終えたデル・トロは「自分のキャリアは終わった」と感じたという。別の監督によって追撮がおこなわれ、編集権も与えてもらえなかった。失意のデル・トロに手をさしのべたのは、スペインの異色監督ペドロ・アルモドバルである。『ミミック』の前に地元メキシコで製作したデビュー作『クロノス』を絶讃し、「君の新作をプロデュースしたい」と言った。そしてスペインで作られたのが『デビルズ・バックボーン』だ。これによってデル・トロは、誰も追随できない審美眼を持った映画作家であることを改めて内外に認識させた。そしておそらく自分自身に対しても。

「当時、僕のエージェントから電話が掛かってきて、『ブレイド2』を作りたいかって訊かれたんだ。(中略)〝『ヘルボーイ』を撮りたいなら、『ブレイド2』をまず撮るべきだ。監督作が『ミミック』と『クロノス』だけじゃ、『ヘルボーイ』の製作はまかせてもらえない〟と諭された」*。

　お仕着せの企画もやり遂げる力をハリウッドに見せつけねばならない。『ミミック』の二の舞はごめんだ。この文脈で、文頭で引用した「ブレイドは君に一任する。ヴァンパイアたちは僕に任せてくれ」という発言が飛び出したのだ。『ヘルボーイ』の映画化実現は、『ブレイド2』の仕事ぶりにかかっている。こうして、半分はデル・トロ的、もう半分はデル・トロらしからぬ要素から成る二重人格的作品『ブレイド2』が誕生した。そしてこの二重性は、主人公ブレイドの「ダムピール」としての混血性とも重なるし、ブレイドの「父殺し」としてのヴァンパイア狩りと、リーパーズ（死神族）のリーダー、ノーマック（ルーク・ゴス）によるその名の通りの「父殺し」が折り重なる二重性をも意味する。

デル・トロはあきらかに『ブレイド2』の製作を『ヘルボーイ』の予行演習として活用した。『ヘルボーイ』の原作者マイク・ミニョーラに『ブレイド2』のアートコンセプトを担当してもらうよう依頼した。ミニョーラとの幸福な共同作業のすべてが『ブレイド2』で陽の目を見たわけではないが、それらのアイデアやデザインワークは、のちに『ヘルボーイ』など将来の作品で活かされることになる。『ブレイド2』は過去を清算する闘争であると同時に、将来のための試作でもあった。彼はみずからに言い聞かせる。「僕はティーンエイジャーになる必要がある。だから、これは〝コーラ六本パックとピザ一枚〟みたいな映画にならないといけない」*。

思春期の映画に回帰する。それは期せずして、映画の幼年期をも見据えるという副産物を生んだ。リーパーズのリーダー、

ブレイド2

ノーマックの風貌は、世界最初のヴァンパイア映画と言われるドイツ表現主義映画『吸血鬼ノスフェラトゥ』（1922 監督F・W・ムルナウ）におけるトランシルヴァニア地方の吸血鬼、オルロック伯爵（マックス・シュレック）への先祖帰りだ。大理石のようなスキンヘッド、落ち窪んだ眼光、気づくとそこに板付きで立っている神出鬼没ぶり。ノーマックはオルロック伯爵の生まれ変わりなのだ。新種のリーパーズも、やはり太陽光線には耐えられない。なぜなら光線はこの世界で最も強力で、確かなものだから。光線は時にスクリーンを照らして映画となり、時に放射線となって医療技術にもなれば、原子爆弾にもなる。

ブレイドは気高いヴァンパイア女性ニッサ（レオノア・バレーラ）を愛し始めている。リーパーズとの戦いが終わり、深手を負ったニッサはブレイドに「太陽を見てみたい」と告げる。夜明け。かつて不倶戴天の敵だった男に抱かれながらまばゆい日の出を眺め、次に男の顔を微笑と共に見つめる。彼女は微笑を残し、塵芥と化して消えていく。なんという美しいラストシーンだろうか。ここでは、光の芸術である映画の、根源的な魅惑が謳歌されている。

＊ ギジェルモ・デル・トロ、マーク・スコット・ジグリー共著（阿部清美訳）『ギレルモ・デル・トロ創作ノート 驚異の部屋』（DUブックス刊）より引用

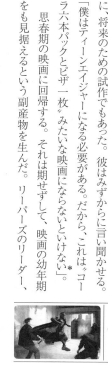

作品論
05

ヘルボーイ
異形の者たち、愛の可能性

高橋良平
Takahashi Ryohei

愛は我々を我々自身の中まで掘り下げさせ、同時に、我々から脱出して他者の中に実現させるあの二重の本能、つまり死と再創造、孤独と交わりの最も明白な例の一つである。

——オクタビオ・パス「孤独の迷宮」

ギジェルモ・デル・トロ——メソアメリカ文化圏の大都市、マリアッチ発祥の地グアダラハラに生まれ育ったこのフィルムメーカーの作品を観るたび、決まって思い浮かべるのは、〝Labor of Love〟という言葉だ。その献身ぶりは尋常でないから、〝Geek Love〟と呼ぶべきかもしれないけれどね……。

彼の名を知るきっかけは、「LAタイムズ」のアートセクションで見た『ミミック』の全面広告だった。とはいえ、驚いたのは、原作に使われたのが、SF編集者として名を馳せた故ドナルド・A・ウォルハイムの、聞いたこともない短篇だったからだ。

ともあれ、ワインスタイン兄弟が設立したホラー・ジャンル主軸のディメンション・フィルムズ——前年にウェス・クレイヴン監督の『スクリーム』が大ヒット——の一作として封切られた『ミミック』を観ると、あわてて、本国メキシコで製作された長編デビュー作の『クロノス 寄生吸血蟲』を最寄りのレンタル店から借りて観賞。いやはや、ゴシック・ホラーのジャンルを熟知し、アート系の創意工夫でジャンルを更新しようとする意欲あふるるヴィジュアリストの姿勢に感服。各賞に輝いたのも、むべなるかな。

前置きが長くなったが、さてさて、本題の『ヘルボーイ』。原作は、マイク・ミニョーラがダーク・ホース・コミックスから四分冊で刊行し、アイズナー賞&世界ホラー・ギルド大賞コミック部門を受賞した「ヘルボーイ：破滅の種子」(94)で、ミニョーラがトップ・アーティストに躍りでた出世作である。前作の『ブレイド2』はマーヴェル・コミックス原作だったが、NYに本拠をおくDCやマーヴェルの作品と、西海岸のオレゴンを拠点に八〇年代半ばに創設されたダーク・ホースのコミックは、ひと味ちがう。本作のプロデューサーに名を連ねるダーク・ホース・コミックスの発行人マイク・リチャードソンが、自社作品を原作に、製作に関わった映画を挙げれば、ジム・キャリー主演の『マスク』(94)、ジャン＝クロード・ヴァン・ダム主演の『タイムコップ』(94)、パメラ・アンダーソン主演の『バーブ・ワイヤー／ブロンド美女戦記』(96)、ジョン・ブルーノ監督の『ヴァイラス』(99)などがあり、以後に、原作者のフランク・ミラーがロバート・ロドリゲスと共同監督した『シン・シティ』(05)がある。ちょいと、オフビート感が漂うよね。

『ヘルボーイ』ファンのデル・トロ監督が、『ミミック』撮影後、版元のリチャードソンが仲介し、オレゴン州ポートランドでミニョーラと会うと、すっかり意気投合。『ヘルボーイ』映画化を企画し、脚本も完成するが、なにしろ、主人公は尻尾のはえた赤鬼だし、その名も「地獄小僧」、メジャー各社は首を縦にふらない。ゴー・サインが出たのは、ミニョーラをビジュアル・コンサルタントに招いた『ブレイド2』が公開された二〇〇二年、足掛け五年、初志貫徹できた企画だった。

映画の冒頭、字幕で「妖蛆の書」の一節がしめされる。いわく、「宇宙の極寒領域にあるクリスタル牢獄で、邪悪なオブドル・ヤハドー――混沌の七龍神――が、地上を奪還し、天空を焼き払う時を待ちわびながら、まどろんでいる」……ミニョーラは、「破滅の種子」の献辞で、マーヴェル・コミックスの編集者／ライターのスタン・リーと共に、あるいは独力でスーパーヒーローを創造し、躍動感あふれるタッチ(永井豪に通底する)で描いたジャック・カービー、それにH・P・ラヴクラフトに捧げているように、まさに、〝クトゥルー神話体系〟的な魅惑の設定である。

そして、スーパーヒーロー神話というものは、クリプトン星に生まれた赤ん坊カル・エルが、惑星壊滅直前に、両親の手でロケットによる脱出に成功、地球に到着したように、彼の来歴、オリジン・ストーリーを語らなければ、ならない。ただし、それは、登場人物のひとり、トレヴァー・〝ブルーム〟・ブルッテンホーム教授(ジョン・ハート)のモノローグから始まる。「人を人たらしめるものは何か？　それは生まれ(オリジン)や育ちで決まるのか？　あるいは、それ以外の、もっと説明しがたいもので決まるのか？」

このフレーズのヴァリアントが、ラスト場面で、ブルーム教授か

ヘルボーイ

ら後を託された新人捜査官マイヤーズ（ルパート・エヴァンス）のモノローグで繰り返されるから、これが映画のメイン・テーマに他ならないだろう。

キャメラは、天空から、雨の降りしきる地上へ、一九四四年十月九日、スコットランド沖の島へと降下。米陸軍小隊が、ローズヴェルト米大統領の顧問で、二十八歳の若き超常現象研究家ブルームの先導で、レイラインの交差する現世と冥界の境界に建てられたトランダム大修道院の廃墟に向かっていた。

その遺跡では、ナチスのオカルト部隊が、準備と付設に五年の歳月をかけた実験が始まろうとしていた。その中に、ヒトラーお抱えのトップ暗殺者で、〝トゥーレ協会〟の会長であるクロエネンの姿を見つけたブルームは、事の重大さに気づき、阻止しようとする。実験を取り仕切っているのは、死んだはずのロシアの怪僧ラスプーチン（カレル・ローデン）。右腕に奇怪な装置をつけ、世界を破滅に導くラグナロク計画のため、科学と黒魔術を融合させ、〝アヌン〟を召喚する儀式を始める。

やがて冥界の扉が開いたとき、ようやく米軍が攻撃を開始。ラスプーチンは冥界に吸いこまれ、からくも阻止できたが、ゼンマイ仕掛けのサイボーグのクロエネンの死体も、ラスプーチンの愛人将校イルザの姿も消えていた。冥界の扉からの侵入者がいないかと周囲を探ると、遺跡の中で、角と尻尾のはえた真っ赤な幼児が発見され、〝ヘルボーイ〟と名づけられるが、「望まれたわけでもない子に、心の準備もない父がそこにいた」というブルームのモノローグで、アヴァン・タイトルのオリジン・ストーリーは終わる。

ヘルボーイ

迷宮のイメージで始まるタイトル・シークエンスでは、ヘルボーイの存在がタブロイド紙などで都市伝説化し、コミックの主人公にもなってゆく六十年間が描かれる。

ＤＶＤの監督による音声解説では、「迷宮は本作のすべてを象徴している。迷宮とは迷うところではなく、神秘主義的な考え方によると、自分がいるべき場所に到る道を見つけるためのもの」と語り、迷宮的な建物や岐路が随所に登場していると指摘する。

そして現代、モルダヴィアのボルゴ峠の秘境では、イルザとクロエネンが血の儀式でラスプーチンを復活させる。一方、ニュージャージー州ニューアークでは、ＦＢＩアカデミーを首席で卒業したマイヤーズ捜査官が、赴任地の五十一課に到着。廃棄物処理施設に偽装した建物がじつは、ブルーム教授率いる超常現象操作防衛局で、マイヤーズは、半魚人の特別捜査員エイブ（ダグ・ジョーンズ）、そして世界最高のオカルト捜査員、ヘルボーイ（ロン・パールマン）に紹介される。

オカルト探偵物というサブジャンルは、二〇世紀初頭のパルプ・マガジン時代まで遡ることができる。アルジャナン・ブラックウッド作の〝心霊博士ジョン・サイレンス〟やウィリアム・ホープ・ホジスン作の〝幽霊狩人カーナッキ〟がよく知られているが、ヘルボーイは、クトゥルー神話絡みから、ブライアン・ラムレイ作の〝邪神狩人タイタス・クロウ〟に近しいものの、BPRDという組織のメンバーである点で、ユニークな存在だ。

ナチスとオカルトの史実関係は、簡便なガイダンスのマイケル・フィッツジェラルド著・荒俣宏監訳「黒魔術の帝国」(徳間書店)を開けば、アトランティス、世界氷河説、空洞地球説、空飛ぶ円盤などのタームが乱舞しているし、映画でも、ナチスと対抗して聖櫃や聖杯を探索する冒険譚は〝インディ・ジョーンズ〟ですっかりお馴染みにしろ、これにクトゥルー神話、オカルト探偵を加えてオリジナリティを出し、ハイテクのVFXとローテクの特殊メイク/アニマトロニクスを混交させ、壮絶・痛快なハイパーアクションを展開するのが『ヘルボーイ』の魅力だが、それだけではグッとくる作品にはならない。

原作にはなく、デル・トロ脚本で生まれたヘルボーイをめぐるふたつの三角関係。ひとつは、ラスプーチン(生みの親)とブルーム(育ての親)との父子関係。もうひとつは、望まぬ念力発火能力に悩むリズ(セルマ・ブレア)と純真な心をもつマイヤーズとのラブコメ的三角関係。このふたつの三角関係が、エモーショナルなベクトルを駆動させる。

ハロウィンの夜に、(アーサー?)マッケン資料館で封印を解かれた〝破滅の種子〟サマエル退治に始まり、ブルームの死で幼児性の消えたヘルボーイの、ラスプーチンたちのラグナロワ計画を潰すための追跡復讐行。それは間違っていようと自らの選択で突き進む、彼の喪失と成長の物語でもある。

前述のマイヤーズのモノローグは、こう続く。「(人格や個性を決定するもの)それは本人の選択による。背負っている運命ではなく、いかにそれにケリをつけるかだ」と。

エイブのいうフリーク、異形ゆえに孤独をかこつ者たち(それは思春期のぼくらの鏡像でもある)は、迷いながらも選択し、自分自身の真実を見つけなければならない。そうして、あるがままの自分を認め、あるべき自分へとまた、道を選択する。そうしてこそ、オクタビオ・パスのいう愛の可能性をかいま見られるのではないか。光と影が綾なす『ヘルボーイ』は、そんな寓話に思えてならない。

『MAMA』

『ストレイン／沈黙のエクリプス』

Interview

種田陽平インタビュー

緑と赤が象徴するデル・トロ映画の美術

インタビュー・構成
金原由佳
Kimbara Yuka

――種田さんとギジェルモ・デル・トロ監督は同じ一九六〇年代生まれ。幼少期に怪獣映画、特撮映画を見て、ワクワクしたという原体験を共有できる世代でもあると思います。ギジェルモ監督にとっては幼少期の映像体験が現在の彼の創作への大きな軸となっていて、種田さんから見ると彼のやろうとしているところ、理解できるところなど多々あるのではないかと思います。

「最初の怪獣映画を見て育った世代って、自分の中でこういうものを見たい、伝えたいという意思がはっきりしている人が多いですよね。怪獣モノが好きな監督は好き嫌いがはっきりしていて、円谷プロのあの回は好きだけど、あの回は嫌い、当時のエースの演出家だと誰だったら好きだとか細かく嗜好性があると思います。

大雑把にまとめて円谷の怪獣全般が好きだとか、東宝の映画が好きとかじゃない。自分の好みはこれというツボが子供の頃からわかっている人が多い。

一九六三年生まれのクエンティン・タランティーノ監督は東宝製作の特撮映画で言うと『フランケンシュタインの怪獣サンダ対ガイラ』（1973）が強烈な映画体験の一つだったらしく語りだすと言葉が尽きない」

――ティム・バートンは五八年生まれですが、二〇一四年に『ビッグ・アイズ』で来日した時、インタビューで、やっぱり、『フランケンシュタインの怪獣サンダ対ガイラ』の話になり、彼が娘さんが三歳だった時にこの映画を見せたら、彼女が物語にのめり込んで、自分のことを海から出てきた緑色の怪獣ガイラだと思い込んでしまって、深く感動したという話をしていました。

「そういうどの怪獣映画に影響を受けて、ぴったりきたかでクリエイターの骨幹をなす要素が変わってくるんですよ。今日僕はデル・トロ監督の映画美術の全般ではなく、『パシフィック・リム』や『ヘルボーイ』のSF系のラインの話をするつもりもなくて、彼の映画美術の肝となる部分を語りたいと思っているのですが、彼のフィルモグラフィを見て、映画美術に関して気づくことはありますか？」

――私が種田さんに最も聞きたいことは、あれだけビジュアルの特異性を語られる映画監督であるのに、重要な役割であるプロダクションデザイナー、もしくはセットデザイナーが固定されていないことなんです。

「そうなんです。僕もそれはどうしてか改めて考えてみたんですね。結論から話すと、デル・トロ監督の場合、結局、プロダクションデザインに関しては誰が担当したとしても一定のデル・トロ印が出るような特性がある。今日はそこを紐解いていきたいと思います」

愛すべき箱庭的な世界観

――ギジェルモの映画美術の何かしらの一定性、或いは癖はなんでしょうか？

「例えば、彼はタイルが好きなんですよ。しばしば部屋のセットの中にタイルを使ってくる。水を使った表現が好きだから、液体が流れる場所ではセットにもれなくタイルが付いてくる。で、タイルの床に人が殴られて転ぶとか、タイルの壁にぶつかって痛いとか、タイルと合わせて暴力を感じさせる演出も多い。つまり、どんなデザイナーが来てもタイルが出てくるだけですでに映像にデル・トロ印が濃厚に浮かび上がる仕掛けになっている。水が好きというのは生理でしょう。湿気とか、水の感触とか、流動性を好むという」

――水を描くとなると、水を閉じ込める装置が必要になりますね。

「そう、『シェイプ・オブ・ウォーター』がまさにそうで、映画の全体を見れば、映画美術はこじんまりしているんです。半魚人がいるプールも、半魚人とイライザが結ばれるバスルームも小さいから水に包み込まれる感じがよく出ている。考えてみるとデル・トロ映画って子供の玩具遊びが基本になっているでしょう。彼に関する本を読むと、小さい時に親に8ミリカメラをもらって、怪獣のおもちゃを撮ったのが映画作りの始まりだとある。箱庭の中に納まっている怪獣映画のテイストが彼の本質なのかな」

『シェイプ・オブ・ウォーター』

――確かに街をそんなに描かないですね。『ミミック』にニューヨークのビル群がちらっと映るけど、高層ビルが立ち並ぶごちゃごちゃとしたショットで、抜きの風景じゃない。

「唯一、印象的に出てくるのは『クリムゾン・ピーク』で、あの作品は一九〇一年のニューヨークのバッファローの街並みが出てきますが、それについては後に述べるとして、街を出すと、子供の怪獣遊びの範疇では済まなくなり、精密な時代設計や地域性が必要となってくるからだと思う。『パシフィック・リム』は香港という設定だけど、よく見ると、台詞で香港と言ったり、セットに漢字を出して雰囲気は出しているけど、映像としては香港の街を出さないようにうまく避けている。そういう意味で常に現実性をうまく回避しているんですね」

――ある種の閉塞感、閉鎖性が彼の世界の特徴なんですね。確かに現代を題材にしているのは『クロノス』、『ミミック』、テレビドラマの『ストレイン／沈黙のエクリプス』くらいで、近過去か未来の設定が多い。

「窓の選び方もはっきりしていて、デル・トロ映画の建物には窓はあっても、単なる明かり取りに過ぎないことが多い。窓は天井に近い高い位置にあり、光が差し込むだけの扱いだったりする。外の風景を見せるものではないし、むしろ、見せたがらない」

クリーチャーがはまって完結する、お伽噺の異空間。

「僕は一度だけ小金井のスタジオジブリのスタジオでデル・トロ監督を見かけたことがあります。米林宏昌監督の『思い出のマーニー』の美術監督をしていた時、二〇一三年から一四年にかけて毎日スタジオに通っていたんですけど、ある日、デル・トロ監督が見学に来たんです。二度目の訪問だったそうで、来る前に三鷹のジブリ美術館にも行ったと話していたので、本当にジブリを愛しているんだなと伝わってきた。アニメーションのスタジオって作業中はしーんと静まり返っているんです。デル・トロ監督はスタジオジブリへのリスペクトの精神が強いからか、遠くからニコニコしながら眺めていました。気付いたらいなくなっていた（笑）」

――今回、菊地凛子さんに話をうかがいましたが、『バベル』のキャンペーンで全米を回っているとき、初めて会ったギジェルモ監督は自分をトトロと呼んでくれと話したそうです。

「象徴的な話ですね。僕が『パンズ・ラビリンス』を見た時感じたのは、この人はお伽噺の世界に観客を誘導していくゲート作りが上手だなということだった。ヒロインがパンのいる異世界に誘われるシーンでは、メイがトトロに会いに行く構図を思い出しました。パンは精霊であり、ゴーストであり、ときにモンスターで、闇の世界の住民ですけど、デル・トロ独自のアプローチで演出している。だから、〝あ、『となりのトトロ』の引用だ〟とは誰も思わない（笑）。それは、デル・トロ監督自身が、絵を描くし、イメージが豊かで、デザインのセンスもあるからでしょう」

――『パンズ・ラビリンス』で伺いたいのは、一九四四年のスペイン内戦下を舞台としているのに、主人公の少女オフェリアがいざなわれる世界は古代ケルトの世界観が濃厚です。美術監督としては、監督のオーダーを受けて、まるで違う時代のテイストをリンクさせる作業とはどういうものですか？

「ファンタジー映画というだけでなく、時代が現代ではなく、過去が舞台だから、制約を外してアイディアを具現化しやすいのではないか。『パンズ・ラビリンス』はデル・トロの頭の中にしっかりと〝円環のルール〟があって、オフェリアが妖精の案内で辿り着く石垣のゲートもアーチ形になっていて、少女が地下の世界へと降りていくのも螺旋状の階段。渦の文様はケルト文化を思わせるけど、形自体はポルトガルの古い儀式用に使われた竪穴の遺跡を参考にしているらしい（※「ギレルモ・デル・トロ創作ノート　驚異の部屋」より）。で、下りきった先にも環状列石のようなものがあり、その中心に丸い石柱が立っている」

――種田さんも長崎俊一監督の『死国』で同じものを作っていますよね。製作年で言えば、『死国』が先です。

「『死国』よりも『パンズ・ラビリンス』のファンタジー性が強いのは、監督自身が自分の頭の中でイメージした円環のルールを貫いて作っているから、どこでどう繋がっても、少女が次の空間にシームレスに行ける行為が生きている。小さな女の子が地下に降りていくというダイナミズムをああいう風に描ける人はいない。ティム・バートンでも、あそこまではできないし、事実、『アリス・イン・ワンダーランド』では地下に落下する話なのに、あまり落下の感覚を持てない。デル・トロ監督の場合、子供の頃から怪獣ものを見ていたからなのかはわからないけど、小さな女の子を妖しい場所にもっていく名人芸があるんですね。よくよく考えたら、なぜ、螺旋状の階段に行くのか……必然性はないわけで、よく意味は分からない。でも、オフェリアは何度もそこに行ってしまうでしょ。そこにいく意味など関係なく、そこに行かせる方法が上手い。

この『パンズ・ラビリンス』は第七九回アカデミー賞の撮影賞、美術賞、メイクアップ賞を受賞していますが、実はセットに関してみると、賞を獲るだけの強烈な要素はあんまりないと思うんですよ」

――その年の美術賞にノミネートされたプロダクションデザイナーは『ドリームガールズ』のジョン・マイヤーとナンシー・ヘイ、『グッド・シェパード』のジェニーン・オッペウォール、『パイレーツ・オブ・カリビアン／デッドマンズ・チェスト』のリック・ハインリクス、『プレステージ』のネイサン・クローリー。その中から『パンズ・ラビリンス』のエウヘニオ・カバイェーロが受賞したわけ

『シェイプ・オブ・ウォーター』

ですね。

「セットをデザインして作ったのはカバイェーロだけど、スケッチは監督のアイディアが先行している。だから美術のクオリティとしては統一されるけど、でも、突出したセットや美術空間は本当にあったのか、というと疑問にも思う。アニメーション映画の監督が得意とするアイディアの勝利のようなところがあって、例えば宮崎駿さんの発想と同じようなことをデル・トロ監督もやっているのではないか。というのも彼の映画美術はある意味、背景というか器に過ぎず、クリーチャーがそこに入って、初めて完成する世界だから。『パンズ・ラビリンス』もパンという牧神が入ることでピースが完全に埋まり、画《え》が完成する世界観となっています」

――なるほど、異質な二人を包み込む世界観となっているんですね。

「もうひとつ、どんなプロダクションデザイナーと組もうと、デル・トロ監督の印となるのが緑という色の使い方です。彼の映画は必ず、緑の空間に包まれる。壁紙が緑だったり、セットも緑ならば衣装も緑だったりする。だから、セットデザインが変わっても印象は変わらない。ライティングも緑やブルーを多用して、時に、セット全体を染め上げる。つまりはデル・トロ映画の美術においてはセットはあくまでもバックグラウンドで、そこにクリーチャーが入って、ある色を差し込むことで、完全にデル・トロ映画となる。それこそ、日本の怪獣映画から受けた強烈な刻印であって、彼がクリーチャーを愛しすぎて、彼自身特殊メイクをやっていた時期や作っていた時期もあるから、クリーチャーが愛すべきものとして登場する。ゴジラのように怖くて何もかも破壊するものとしては出てこない。クリーチャーが出てくることで逆にその世界に均衡をもたらし、安定、安心した世界観になるんですよね」

――そういう意味ではティム・バートンの映画美術と全く異質ですね。

「バートン監督は、美術は毎回、冒険していて、違うことを試している。それでも結局、バートン印は濃厚に出るんだけど、美術の繰り返しは少ないように思う。でも、デル・トロ監督は先ほど言ったように、毎回タイルが出て来るとか、窓が天窓だとか、空間においてのリピー

トが多い。『シェイプ・オブ・ウォーター』は『アマゾンの半魚人』の焼き直しで、普通ならまたかと呆れられ、B級扱いされかねないのに、この映画でまたもやオスカーの美術賞を獲り、英国アカデミー賞でも放送映画批評家協会賞でもシェーン・ヴィア、ポール・D・オースタベリー、ジェフリー・A・メリヴィンの三人による美術チームが獲っている。ヴェネチア国際映画祭は金獅子賞で、ゴールデングローブでは監督賞。でも、単純にセットだけを見ると、そこまで美術賞を独占するような映画美術なのかなと思わないでもない。親の寝た後、テレビの深夜枠でこっそり見てワクワクできるようなテイストなのに（笑）、あんなにA級作品としてメジャーになるのはデル・トロ監督の天才的な色使いも作用していると思います」

異形のモンスターを包み込む緑

――先程、種田さんの口からギジェルモの映画の緑の話が出ましたが、同時に彼は緑の世界の差し色として赤を重要なポイントにしますよね。

「その前に映画における緑に触れたいと思います。照明技師の熊谷秀夫さんから聞いた印象的なエピソードがあるんだけど、熊谷さんが鈴木清順監督と『東京流れ者』（1966）で組んだとき、清順さんからある場面を緑のライティングでやってくれと言われたんですって。熊谷さんが言うには、黄色人種の日本人の肌を緑でライティングすると、顔が汚くなっちゃって、病人や死人のように見えてしまう。そこで主演の渡哲也の顔を汚さないように、木村威夫さんのセットの空間は緑の光でライトアップしながら、渡さんの顔には緑がかからないように設計していたら、苦労して作った照明を見て清順さんが一言漏らしたという。〝映画の中の緑というのは孤独の色なんですよ〟と。

監督にこういう確固たる概念があると、熊谷さんみたいな照明技師は嬉々として、創作の心に火をつける。熊谷さんは他の映画でも、ここは孤独なシーンだから緑でいこう、とよく話していました。けれど、アメリカの映画だとまるで違う文脈となります。例えば西部劇の『シェーン』（1953）では主人公のシェーンが世話になっている家族と一緒に訪れる町の雑貨屋兼酒場の内装は落ち着いたグリーンで、それは実際その時代に内装に使われていた色であると同時に、白人の顔の頬のピンクを浮かび上がらせる補色の緑で、顔色が綺麗に立つんです。ある種ハリウッドの伝統的な色のラインとなっていると思う。で、デル・トロ監督の色彩構成はこのハリウッドの伝統的なラインにすごく上手く乗っている」

――なるほど、彼の緑は、アメリカ映画の伝統的な緑の使い方と親和性が高い。

「『シェイプ・オブ・ウォーター』なんて海も全部緑に染め上げている。あれは見ている人に安心感を与える緑で、それは『パンズ・ラビリンス』にも共通するんです。あんなに保守的なアカデミー会員が過激な描写があるにもかかわらず、デル・トロの作品に投票してしまうのは、ノスタルジックを喚起される緑の効能があると思います。

でも、それが模倣と映らないのはメキシコ人ならではの自然観も影響しているのではないかな。デル・トロ映画を見て、僕はいつもアルフォンソ・キュアロンの『大いなる遺産』（1998）を連想するんだけど、あれこそ服も緑、壁の色も緑、劇中、イーサン・ホーク演じる画家が描く絵も全て緑で、映画のルックを緑一色に染め上げた素晴らしい映画美術なんです。セットの素晴らしさを確認するために僕は公開当時、劇場に二度も三度も通ったんだけど、デル・トロとキュアロンは同じメキシコ人で、アレハンドロ・ゴンザレス・イニャリトゥと三人で映画製作会社 Cha-Cha-Cha も作るくらいの盟友。でも、キュアロンの緑は被写体としての緑なのに対し、デル・トロの緑は器なんです。じゃあ、その器に何が入るのかというと赤とオレンジなんです」

生の証となる黄金色と赤

――メキシコ人にとっての黄金色は「死者の日」にあの世とこの世を繋ぐマリーゴールドの色でもありますよね。

「デル・トロ映画って、緑が指し示す現実に対し、黄金色のオレンジが示すあの世、もしくは異界となっていて、互いを際立たせる補色の関係になっている。と同時に緑は血が好きな人が好む色でもあるんです。赤が際立つ色なので、デル・トロ映画でもぽつんと落ちた赤い血が際立つ緑の器の意味合いもある。血はグロテスクな一面もあるけど、デル・トロ監督が映画で出す血は生きている証として出てくる」

――デビュー作の『クロノス』からして、血を巡るお話ですよね。

「そう、彼の映画で血が出ないってことはあり得ない。生きているから血は噴き出すし、打たれてはぶわっと飛び散るし、刺されても出るし、血が彼の作品の一つの核になっていて、そのために緑を必要とする。でも、赤って光を当てないと単に黒く映るだけ。『シェイプ・オブ・ウォーター』のラストシーンはポスターにもなっているけど、緑の海中にイザベルは赤い服と靴で沈んでいく。その寒色の中の赤を際立たせる照明も素晴らしくて、だから、セットの美術が良くてオスカーを獲ったというよりも、見ている人間にすごい美術と思わせる光と色調のまとめ方の能力がすごい。言ってみれば彼の絵画性が見る者の一票を投じさせる力を持っている。でも、セット美術として建築的に分解すると壮大で複雑なものではなく、いたってシンプルな構造です」

――逆に、建築的な美術のすごさを感じる作品はありますか？

「もうそれは比べ物にならないくらい、群を抜いて素晴らしいものがあります。それは『クリムゾン・ピーク』。でも、あれだけがなんの賞を獲っていない（笑）」

――20世紀初頭のニューヨークの裕福な暮らしから一転、ミア・ワシコウスカ演じるイーディスがイギリスから来たトマス・シャープ卿と恋に落ち、今にも朽ちそうな巨大な屋敷、アラデール・ホールへと移ったところからサスペンスとホラーの入り混じった物語が展開していきます。

「デル・トロ監督がベテランのプロダクションデザイナー、トム・サンダースと組んだ作品です。この美術監督はフランシス・コッポラの『ドラキュラ』を手掛けた人です。残念ながら、『クリムゾン・ピーク』の後、『スター・トレックBEYOND』（2016）が遺作となってしまったけど。この人は、僕にも理解が可能な建築的でディテールに満ちた空間志向の強い人で、準備段階では精巧な模型を作る人なんです。「ギレルモ・デル・トロ　クリムゾン・ピーク　アート・オブ・ダークネス」という本の中でデル・トロ監督が嬉々として語っているけど、それまでセットの白模型を作る人はいたけど、トム・サンダースほど外も中も精密に模型を作った人はいなかった、と語っている。監督はこの模型を見飽きることがなく、ずっと覗いていたらしい。出来上がったセットも素晴らしいものとなった。でも構造物として複雑すぎて、さすがのデル・トロ監督も映画の中で使いこなせていない印象を受けます」

――彼の持っている良い意味での幼児性を越えてしまったのでしょうか。

「互いの質が合っていないのかもしれません。このセットを演出するためにはフェデリコ・フェリーニのような芸術的な視点がないと生かしきれないし、事実、出来上がった作品を見ても、今イチ、セットの様子がよく見えなくて、本の写真の方がわかるという変なことになっている。デル・トロ監督は、これはヒーローセットだと大喜びしているんだけど。サンダースはイギリスに行ってかなり綿密にリサーチし、中世の骨組みの邸宅をゴシック・リバイバルの建築として作り替えたものとしてリアルに作っている。だけどそれが、ラスト、ミア・ワシコウスカ演じるヒロイン、イーディスと、夫の姉であるジェシカ・チャスティン演じるルシールが戦って、地が真っ赤に染まっていくというおとぎ話的なアイディアとはまらない。あれがもうちょっとおとぎ話的で、シンプルなセットだったら、血でどんどん真っ赤に染まって過程が『シャイニング』みたいに怖くて、ドキドキするんだろうけれど、セットが巨大すぎて女二人の闘いが生きない。意味ありげに出てくる掘削機も巨大すぎて、フレームに収まり切れない。一人の男の愛をその姉と妻がとりあうという意味小さな話なのにセットが壮大すぎたのか……」

――デル・トロの物語には、お伽噺をはめ込むある種の余白が必要なんですね。

「彼の美術は、箱庭のアイディアだから。アメリカではヒッチコックの『レベッカ』と比較する批評がよく出たそうですけど、『レベッカ』は登場人物のサイズが構造物にぴったり合っている。けれど、『クリムゾン・ピーク』はそうじゃない。でも、しつこいようだけど、セットは本当に素晴らしいんです。僕は二〇一五年のアカデミー賞の美術賞はこの作品に投票しました。ノミネートすらされなかったけど」

――『クリムゾン・ピーク』は、その次の『シェイプ・オブ・ウォーター』に何らかの影響はあったと思いますか？

「明らかにいい意味で力が抜けて、トトロとメイのごとく、精霊と出会う物語をぐっとシンプルにして、大人のための童話として成立させるために、無駄な情報を減らしているのがわかります。今、制作中の『ピノキオ』はどういう方向性で来るんでしょう、楽しみです」

――最後の質問ですが、ギジェルモの提示する映画美術が評価されることで、世界の映画美術の流れにも、なんらかの影響はあるでしょうか？

「もちろん。僕はデル・トロ映画において『クリムゾン・ピーク』を愛するのと同じように、ティム・バートンの中ではリック・ハインリヒトの手掛けた『スリーピー・ホロウ』（1999）の美術が好きで、あれは一七九九年のニューヨークの村の在り方をしっかりリサーチして写実的なセット美術を作り上げながら、ちゃんとファンタジーとうまく融合させているから。バートン監督は『スウィニー・トッド　フリート街の悪魔の理髪師』（２００７）でもフェデリコ・フェリーニやピエル・パオロ・パゾリーニ、マーティン・スコセッシの美術を手掛けてきたダンテ・フェレッティと組んでちゃんと街のセットを作っている。デル・トロ作品の美術が評価され、二〇一八年度のアカデミー賞はデル・トロ監督の盟友、アルフォンソ・キュアロンの『ＲＯＭＡ／ローマ』が席巻した。『ＲＯＭＡ／ローマ』のプロダクションデザイナーは『パンズ・ラビンス』のエウヘニオ・カバイェーロですけど、一九七〇年代のメキシコシティの街並みのセットを潤沢な予算で作って、評価を得た。今、Ｎｅｔｆｌｉｘや配信型の企画が多いし、映画美術の方向も、洋の東西を問わず、『セット美術を廃し、ＶＲやＣＧ合成が先行する美術の在り方』が一つの曲がり角に来ていることは確かです。合成を優先する映画美術はどうしてもコンセプト重視、イメージ先行なので、緻密な計算で積み重ねたセット美術と違い、同じ様な背景になりがちです。とはいえ、セット美術がこの後、どう進化していくのかは、僕たちプロダクションデザイナーの働きにもかかっているのではないでしょうか。そういう意味でも、キュアロンとイニャリトゥ、デル・トロというメキシコ出身の監督たちが映画作家としての個性を強く打ち出せているのは、とても面白いことだと思います。メキシコ人と日本人には共有しあえる自然観、死生観があると思いますし、そこにクリーチャーを入れ込む面白さも分かち合うことができる。そんな感覚を共有できる映画づくりに、いつか参加してみたいと思います」

種田陽平［たねだ ようへい］　**美術監督**

タランティーノ監督『キル・ビル Vol.1』(2003)、『ヘイトフル・エイト』(15)、ジョン・ウー監督『マンハント』(17)、ウェイ・ダーシェン監督『セディック・バレ』(11) 等の海外映画、岩井俊二監督『スワロウテイル』(1996)、三谷幸喜監督『THE 有頂天ホテル』(2006)、李相日監督『フラガール』(07)、是枝裕和監督『三度目の殺人』(17)、アニメーション映画『思い出のマーニー』米林宏昌監督 (14) 等、ジャンル、国境を越えて活動を続けている。

作品論 06

ファシズム支配下の精神世界

パンズ・ラビリンス

友成純一
Tomonari Junichi

舞台は一九四四年、第二次大戦末期、フランコ政権下のスペイン。仕立て屋だった夫を亡くしたカルメンは、新しい夫ヴィダルの下に、まだ幼い娘オフィリアを連れて移って来る。そこは山中の僻村。ヴィダルはフランコ政権の指揮官、まさにファシスト政権の権化のような横暴な男で、反政府勢力の残党を片付けるためにここに来ていた。彼がカルメンと結婚することになった経緯は、映画では匂わされるだけだが、ヴィダルの陰険な策略があったような……カルメンは今、ヴィダルの息子を身籠っており、それこそがヴィダルが彼女を〝大切〟にしている理由だった。生まれて来る息子（そう決め付けている）は、自分の分身であり、大切な後継なのである。娘オフィリアの目には、彼は母と自分を所有物とみなしており、人間と認めていない。なんでこんな男と一緒になるのかと母に問うが、母は「大人になれば判るわ。生きてゆくために、こうするしかないの」と答えるのみ。

映画では、ヴィダルの家政婦で母娘の良き理解者であるメルセデスが、大きな位置を占めている。彼女はヴィダルの身近にいて、山中のゲリラに情報を流すスパイの役割を果たしていた。このメルセデスも、男たちが銃を取って戦っているのに、ヴィダルの世話になっている身を恥じ、カルメンと同じ台詞を、「生きて行くためにこうしないわけに行かないの」。

社会における女性の位置――デル・トロはどの作品でも、女と子供、それも差別される立場に置かれた彼女らに、深い理解と愛を捧げる。

抑圧された中、物語の世界に浸って育ったオフィリアは、妖精物語の世界に逃避する。一人遊びの延長で潜り込んだ森の中で、角の生えた牧神パンに出会い、教えられる。彼女は本当は地下世界の妖精の王女だったのだが、太陽に憧れて地上に出たばかりに、強烈な陽の光を浴びて記憶も何も失くしてしまった。そして妖精界に戻れなくなったのだと。妖精の王女として復権するには、三つの試練を乗り越えなければならないと。オフィリアはその試練を達成しようとするのだが、それはそのまま、残虐な支配者である父から逃げ出すことであり、これから生まれ出ずる弟を救い出すことでもあった。

オフィリアは母の求めに応じて、お腹の中の弟を慰め、楽しませるために、お伽話を聞かせている。母も娘も、これから生まれて来る弟に未来を託している。

映画は、三つのパートが全く同格の重みを持って、並行して展開する。一つは、ファシストとゲリラとの戦いを描く政治社会的な現実。そして、オフィリアが「不思議の国のアリス」のように、地下の妖精界に潜り込んでパンに出会うお伽話部分。三つ目は、衰弱しつつも子を産むべく苦闘するカルメンと、女であることを逆手に取ってゲリラを裏から支える家政婦メルセデス、女たちのエピソードだ。

パンズ・ラビリンス

オフィリアの妖精世界巡りは、「不思議の国のアリス」以上に、『千と千尋の神隠し』（２００１）への一大オマージュとなっている。『千と千尋』は、父と母を無事に人間に戻すための少女の旅だったが、オフィリアの旅は母と生まれてくる弟の無事を祈ってのものでもある。トトロを思わせる巨大なヒキガエルを始め、奇妙で愉快な妖怪が次々に登場するわ、食い物への拘りがあちこちに散りばめられていて、オフィリアがうっかりブドウを二粒食べてしまったがために、母の身を危地に陥れたり等々、宮崎テイストに満ちている。が、『千と千尋』が奇怪な形而上世界の旅を通じての少女の成長を描いていたのに対して、本作のオフィリアの旅は、過酷な戦争、女と子供が耐えなければならない苦悩という現実と、完全に表裏になっている。

山岳戦の最前線、激しいストレスの中で、身籠ったカルメンは衰弱して行く。ヴィダルは「どちらか選ばなければならないなら、息子を生かせ。そのために俺はこの女と結婚したんだ」と言い張る。母を救うべく、オフィリアはパンの教えに従い、ミルクに漬けたマンドラゴラを母のベッドの下に置く。そのおかげでカルメンは元気になり掛けるが、ヴィダルの「くだらん物語ばかり読んでるから、こんな馬鹿なことを……捨ててしまえ」との命令に従い、カルメンは暖炉にマンドラゴラを放り込み、焼き殺してしまう。マンドラゴラは炎に包まれ、身を捩りながら絶叫する。これは、オフィリア

の絶叫でもあったろう。

援軍を得たゲリラが襲撃して来る中、弟は生まれたが母は死んだ。パンの教えに従い、弟を盗み出してメルセデスの下に走ろうとしたオフィリアも、虫けらのように撃ち殺される。が、オフィリアの逃亡はヴィダルを単身で山中に誘い出すことに繋がった。ヴィダルはオフィリアを射殺した後、生まれたばかりの赤子と共に捕まる。死を覚悟した父は、「この子に、父が何者だったか伝えてくれ」とゲリラたちに頼もうとするが、カルメンが赤子を取り上げて冷たく言い放つ。「この子が、父親が何者だったか知ることは、永遠にないだろう」と。

さらにエピローグがある。虫けらのように殺されたオフィリアだが、自身の〝死〟こそが最後の試練だった。無垢な子供の血が魔法の実現に必要だったのだが、彼女が自らそれを提供した。無残な死を迎えることにより、彼女の魂は人間界から離脱、妖精の王女として、父が王、母が王妃となっている妖精世界に戻ることができた――一見、ハッピーエンドだが――これはオフィリアが死の間際に見た〝夢〟であろう。現実世界では彼女は、野良犬のように撃ち殺されている。現実世界でゲリラたちが、そして女たちが未来を託すのは、オフィリアが物語を語って聞かせていた、生まれたばかりの弟に対してだ。

デル・トロは本作より以前に、『デビルズ・バックボーン』を監督

パンズ・ラビリンス

している。これもまたスペイン内戦の時期、フランコ政権下の孤児院を舞台にしたファンタジー・ホラーだった。スペイン内戦は、デル・トロにとって大きなテーマの一つのようだ。

第二次大戦は全体主義と民主主義の戦いだったが、その直前に起きたスペイン内戦（36〜39）はその縮図だった。しかも、第二次大戦そのもののネガとしてのそれ。第二次大戦は〝民主主義〟の勝利で終わったが、大戦に対して中立を守ったスペインでフランコが倒されることはなく、スペインではファシスト＝フランコの勝利に終わっている。本作の出来事は、連合軍がドイツ軍を圧倒するきっかけとなったノルマンディー上陸作戦の時期に設定されており、作中で何気なくそれが語られる。しかし、ヨーロッパでもアジアでも、全体主義＝軍国主義に対して民主主義が勝利を収めて行く中で、スペインはその流れに逆行するかのようにファシズムが花盛り、フランコが死ぬ一九七五年まで続いた。

英米の連合軍は、フランコ政権には手を出さなかった。ヒトラーとムッソリーニは昔も今も、悪魔のように罵られているが、フランコは手付かずも同然。道徳的に考えるとおかしな話だが、これが政治であり外交である。〝民主主義〟も〝正義〟も、〝全体主義〟とか〝軍部独裁〟と同じく、所詮は政治の一形態でしかないということだ。デル・トロがスペイン内戦に惹かれ、立て続けに二度に渡ってこれを背景に映画を撮っているのは、まさにこの、男社

会である〝政治〟の理不尽さを暴きたかったからではないのか。
　本作『パンズ・ラビリンス』は、世間で言われるように『千と千尋』へのオマージュ作品であろう。しかしそうである以上に、紛れもなく彼自身の作品である。自分の世界観をしっかり持っていればこそ、彼は日本のアニメや怪獣モノに対するオマージュ作品を、堂々と作れるのだと思う。

　デル・トロの現時点での最新作『シェイプ・オブ・ウォーター』を見て、本作と同じテーマが繰り返されていると感じた。スペイン内戦下、少女が妖精世界に紛れ込む本作と、合衆国を舞台に半魚人と口の利けない娘との恋を描いた『シェイプ』とでは、全く異なって見える。しかし、専制君主の下で邪魔物として扱われた幼い娘と、口が利けなくて自己主張が難しい娘とは、同じ位置にいないだろうか。森の奥の地下に隠れ棲む妖精と、海中で発見され秘密裏に研究されている半魚人も、共に強力な魔力の持ち主。あの横暴なフランコ軍の指揮官も、半魚人研究所のサディスト所長にきれいに重なる。

　何より、背景となる社会体制。『シェイプ』の舞台は一九六二年の合衆国。奇しくも原稿を書いている今、日本では『グリーン・ブック』という黒人差別に切り込んだ作品が公開されているが、これの時代背景は『シェイプ』と全く同じ六二年だ。少し前だが、宇宙開発のきっかけとなったマーキュリー計画に関わった黒人女性の頑張りを描きつつ、差別問題を告発した『ドリーム』これもまた六十年代初期の話である。表向きは自由と民主主義の合衆国だが、実際には人種差別、女性蔑視の国であり、社会には根強い偏見がはびこっている。『シェイプ』は、半魚人と口の利けない娘の恋を描いたオタクな作品である以上に、『ドリーム』や『グリーン・ブック』と並んで、冷戦下の合衆国の現実を暴いてもいる。
　『シェイプ』のラスト。無残に撃ち殺された娘が、半魚人の手で海中に連れて行かれる。半魚人の魔力で蘇り、鰓呼吸までできるようになって、深海で愛する彼と一緒になるハッピー・エンド――彼女の首の傷はそもそも、エラの痕跡だったと、つまり彼女は半魚人の末裔だったと――『パンズ』のエンディングが、きれいに重なる。

作品論07

異形の者たちがそこに居る世界

ヘルボーイ／ゴールデン・アーミー

じんのひろあき
Jinno Hiroaki

デル・トロ監督の映画には異形のものが満ちあふれている。それはなにも目につく様々なキャラクター群だけではなくセットデザインやガジェットも含めて、みな異形である。「初めて目の当たりにするもの達なのに既視感にあふれている」異形である。それらはこのデル・トロの世界でみな共存している。異形のモノ、モンスター、怪獣、怪物、怪人、クリーチャー。呼び方は何でも良いのだけれど、この世にいない可愛らしいモノ、グロテスクなモノ。それらはデル・トロの映画の重要なファクターである。その共存する違和感とシンパシーはなんなのか、今回『ヘルボーイ』と『ヘルボーイ／ゴールデン・アーミー』を見直してみて少し理解できたような気がする。時代は便利になった。かつては特撮のメイキング本「シネフェックス」の日本語版のわずかな数のスチール、ミニチュア、メイクなどの作業過程の記事から映画がいかにして作られたか、ということを想像するしかなかった。だが、今Blu-rayディスクに監督オーディオ・コメンタリーがついている。これにより、相当な情報が得られるし、おそらくインタビュー等では割愛されてしまうような詳細な情報も喋ってもらえるし、文面を読むだけでは伝わって来ない、お茶目なニュアンスで失敗談や、本人なりに「ここは自分でもよくできている」ということを音声のドヤ顔を垣間見る（聞く）ことができるようになった。今回のこの『ゴールデン・アーミー』のオーディオ・コメンタリーで、まず冒頭デル・トロははっきりとこう言っている。「これはレイ・ハリーハウゼンを目指した」。私はリア

ルタイムでハリーハウゼンを映画館で見たのは『虎の目大冒険』（1977）であり、シンドバッドシリーズの最後の作品だった。続けて五回見た。それからさかのぼって『黄金の航海』（73）『七回目の航海』（58）一番有名な『アルゴ探検隊』（63）と名画座に通って見た。それまでの特撮映画にはない、なにかがそこにはあった。後にSF映画専門の雑誌「スターログ」では、「センスオブワンダー」と呼んだ、他では見ることのできない映像を指す言葉だ。「センスオブワンダー」は映像のオリジナリティが最重要視される。同じ時期の作り手達は、もちろん映画が大好きで映画を作っている人達ばかりなので、当然、自分が見てきた映画や好きな場面を再現しようとする。だがその時、自分が見て感銘を受けたショットをそのまんま再現することによって満足してしまうというトラップが待っている。引用やモチーフ、リスペクトしているからといった便利な言葉のおかげでこれらが肯定された時代もあったが、やがてそれは単に物真似しているだけである、という化けの皮が剥がれ、いつしか二度と話題にもならなくなっていった。しかし、先人達の「センスオブワンダー」に満ちた作品へのリスペクトやオマージュは確実に存在する。では、それらと単なる物真似とオマージュとの線引きは一体どこにあるのか。そして、デル・トロ映画における「既視感に溢れた初めて目の当たりにするもの達」とはいったい、なんなんだろうか？　それは単なるショットの真似ではなく、

ヘルボーイ／ゴールデン・アーミー

かつて見た映画達の、ハリーハウゼン映画に代表されるあの異形たちが右往左往するワクワクした感じの再現が、それにあたるのではないだろうか。オマージュと言う名の元にキービジュアルカットをそのまま引用し、いかに再現するかということではなく、あくまでもレイ・ハリーハウゼンの映画を初めて見たときのあの驚き、あの異世界観にどこまで今の手法と今のイマジネーションで迫れるのか、ということなのではないのだろうか。そして、この映画『ヘルボーイ』では異形の者たちはその出自を周りから問われることがない。どのような異形のものが登場してきても、そのキャラクターの役割、どのような情報を持っているか、どう物語に関わってくるのか、というところに会話がすぐに切り込んでいく。「なんだお前は」「そのナントカはなに？」「あなたはどこからきたの？」といった、異形への常套句が一切ない。主人公のヘルボーイに対しても、その見た目の真っ赤な体について、人が通常恐れをなす時に取る距離ではなく、ごく普通に人間のキャラクター同士の立ち位置で抵抗なく寄って話す。キャラクター達は見た目で判断されることはない。実はこれは、脚本を作る時には非常にやっかいな世界設定だ。キャラクター同士に対立ドラマがない。『ヘルボーイ』の登場人物たちは皆、自分たちはなぜこの姿かたちで生まれてきたのか、それによってどういったマイナスな待遇を受けているのかということについて、悩むこともない。自分は自分、これ以上で

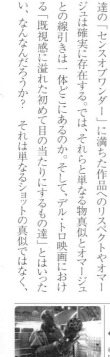

もこれ以下でもない。まさに「ありのまま」だ。こんな脚本を書いたなら製作委員会の会議で、「キャラクターの内面が描かれていない」と叩かれてしまう。文化の違いといってしまったらそれまでだが、異形同士が、いかにして直面した問題を解決するのか、ということでドラマを進行させていくというのは、かつての『宇宙大作戦（『スタートレック』テレビ版）』の頃からのことだった。しかし、振り返って日本の異形の者達は異形によって本来の姿を隠し、異形が持つ特殊能力によって事件を解決すると、いずこともなく去って行く。後には日常がまた戻り、街の人々は口々に、「異形の者よありがとう」と言う。未だにそんな作劇のパターンは踏襲されている。異形のモノは正体がバレてはいけない。異形の者達がそんなコンプレックスを抱くことなく、存在がバレることを恐れずに、新たにその場で起きる事件に各々の能力をもって解決していく、というドラマに物足りなさを感じるのは仕方が無い。日本においての物語の禁じ手、異形の者が内面的な苦悩を持たないというその映画に対する評価は、「盛り上がりに欠ける」「誰に感情移入していいのかわからない」となるのは明らかだ。今回のこの『ゴールデン・アーミー』はまさしく、それである。物足りないでしょう？　盛り上がりに欠けるでしょう？　その感想は合ってます。そもそも、異形のヒーローに対して求めるものが根本的に違うのだから。デル・トロが描き続けているのは、「異形であるが、普

ヘルボーイ／ゴールデン・アーミー

通と変わらない」という一点だ。人間と何ら変わりがない事の究極表現として、ヒロインはヘルボーイの子供を宿す。そして、異形の主人公ヘルボーイが父になるんですよ、ということが映画の中で冒頭から、サブリミナル広告のように画面の中に散りばめられている。敵の化け物に襲われ、それが壁が膨らみ臨月を迎えるおなかのように膨らんだかと思うと亀裂は上に伸び子宮の卵巣のように広がっていく、とか、街の看板がみんな出産やら新生児についての看板だらけであるとか（これはオーディオコメンタリーでデル・トロが言っていることで、私も映画を見ながらそれにすべて気がついた訳ではありません）こういった異形のヒーローが父となる、というのは夏休みの娯楽映画としては掟破りもいいところだ。仮面ライダーの夏休み映画で、仮面ライダーがヒロインに子供を産ませる映画を想像してみてください。ウルトラマンとかもね。そういう常識を覆すことをしてまで、観客がこの手の映画に求める予想外の展開を使ってまで、デル・トロは異形の者ではあるが、人と同じなんだよ、という無理矢理な説明を壮大なビジュアルによって説得しようとしている。しかも、妊娠するヒロインは特殊能力がある。スティーヴン・キングの「ファイアスターター」、日本だと原作宮部みゆき、監督金子修介の映画『クロスファイア』のヒロインが持つパイロキネシス（人体発火）である。子供が生まれたとして体から火を放つ母は無事に子育てできるのか？　ということはさておき話は進む。

ヘルボーイが父になるのかあ！　というところで映画は終わる。デル・トロが目指す異形のモノとの共存、彼らに対するストレンジラブは一般的にはなかなか受け入れられることはない。こういった物語が一般性を獲得するためには、やはりフランケンシュタインの怪物のように、人々に追われる悲しい存在でなければならないし、その中で唯一フランケンシュタインが実は優しい心を持っていることを知っているのは観客で、というくくりがなければならない。そう、それがあるからこそ『シザーハンズ』は成立しているし、デル・トロ自身もやがて『シェイプ・オブ・ウォーター』を監督した。けれどもデル・トロ同様、異形の者達との共存はごく普通のことだと思っている人々も世の中にはいる。たとえば私は、九つで弟が生まれるまでは一人っ子として育てられた。私の九年間の人生には私と私を取り巻く人間以外のモノとの時間が長かった。例えば洗濯ばさみが二つあれば、二時間は一人で遊べた。二つの洗濯ばさみは、話し、行動する。山を越え海を越え、闘いながら、助け合いながら、共にまだ見ぬ世界を冒険していた。また私がやっている劇団に二十代半ばのやはり一人っ子の女優がいる。彼女がディズニーランドに一人で行きアトラクションに並んでいる時に、目の前にいたやはり一人で来ている女の子が、自分のリュックにぶら下がっているぬいぐるみに話しかけていたらしい。それを後ろに並ぶうちの劇団の女の子に見られた時に恥ずかしそうにしていたので、彼女は、「話すよね、ぬいぐるみに普通話すよね」と声をかけたことがきっかけで、その日から親友になれたらしい。デル・トロは異形の者達がそこに居る映画を作った。人ではない仲間はどこにでも居る。それと話ができる人たちもまたどこにでも居る。私もその一人だし、私の劇団員の彼女もそう、そして、彼女の前に並んでいた彼女もそうだった。デル・トロの映画を見たときに「わかる」と思う人は、みんな異形の者達は側にいることを知っている。みんな、改めて口にはしないが、その異形達と、人ではないモノ達と共存しているのだ。その目で見るなら、デル・トロの映画は「既視感」でしかない。

GUILLERMO DEL TORO'S FILMS

写真：Collection Christophel／アフロ

作品論 08

日本製作品へのオマージュのオンパレード

パシフィック・リム

佐藤佐吉
Sato Sakichi

最初にギジェルモ・デル・トロの名前を認識したのは『パンズ・ラビリンス』。迷宮に迷い込んだ孤独な少女が牧神パンに導かれ、地帝界のプリンセスとなるための試練に挑む物語は、独特の映像美とユニークな怪物たちに彩られ、そして思わぬ切ないラストに涙し、厨二病を患ったまま大人になってしまった我々の病をさらにこじらせる大傑作だった。

その後彼は『ヘルボーイ／ゴールデン・アーミー』を経て、超大作ロボット映画『パシフィック・リム』の制作に入っていくのだが、ギル・レモ監督が日本の特撮やアニメに精通していることは有名ではあったが、『パンズ・ラビリンス』の監督が果たしてそんな大作を作れるのだろうかという不安が個人的にはあった。しかし後に公開された作品はそんな杞憂を吹っ飛ばすような、恐らく彼が影響を受けたであろう数々の日本製作品へのオマージュのオンパレード、そして人間たちの熱い絆の物語に圧倒され興奮した。

冒頭スクリーンに示されるのはＫＡＩＪＵ（怪獣）Giant Beastの文字。いきなりそう来たか！ だったらこっちもその波に乗ってやるとオタク魂はデル・トロ監督には及ばないだろうが、同じものを見て来たであろう同世代魂に火がついた。

海の底が裂け、ブリーチと呼ばれる時空の裂け目からＫＡＩＪＵたちが現れるのだが、それは空の割れ目から時空を超えて超獣たちが現れる『ウルトラマンＡ』へのオマージュと見た（映画に出てくる異次元人もヤプール人みたいだったし）。だが登場するＫＡＩ

ＪＵたちはゴジラや日本の怪獣というよりはレイ・ハリーハウゼンの造形に近かった。オマージュは日本の作品だけではなさそうだ。そしてイェーガー（ドイツ語で狩人）と名付けられた巨大人型兵器、見た目は『鉄人28号』、頭部コクピットの合体は『マジンガーZ』。パイロットの肉体と同期する操作方法は『ジャンボーグA』。二人で一組という設定はやはり『ウルトラマンA』や『超人バロム・1』を想起させるが、本作では脳への負担を減らすためという理由によって二人一組であることの必然性を持たせている。出撃シーンはガンダムやジャイアントロボ。メカのデカさはイデオンに負けてない。ＫＡＩＪＵはＣＧなのだろうが微妙に着ぐるみ感があるのも泣かせる。そもそも海からの奇襲で始まるのはやはり『サンダ対ガイラ』なのだ。司令官ペントコストにモニター越しで偉そうに命令するのはゼーレで、森マコ（菊地凛子）の幼い頃のシーンもアスカでエヴァまで入ってる。そして主人公ローリーとドリフト（脳の同期）し、コクピットで戦う森マコはやはり『ウルトラマンA』の南夕子だ。森マコ？　森昌子？　森は森雪（宇宙戦艦ヤマト）か？　イェーガーの移送をヘリが行うのは明らかにメカゴジラだが、パトレイバー的要素も感じられる。そもそも全体がパトレイバーぽい。しかし科学者たちが死んだＫＡＩＪＵの脳とドリフトして情報を得るところは『スターシップ・トゥルーパーズ』だ。ほら日本ばかりじゃない。最後にブリーチを破壊するための原子炉自爆は

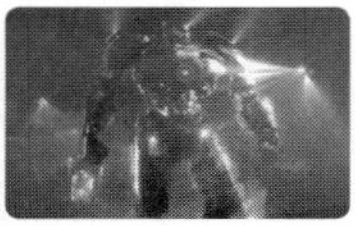

パシフィック・リム

写真：Collection Christophel／アフロ

『ジャイアントロボ』か『鉄腕アトム』だろう。

あげていけばキリがないし、僕が感じた作品の何十倍もデル・トロはオマージュを捧げまくっているのだろうが、では彼がこの作品を作ることにしたのは単に彼の溜めまくったオタク魂を吐き出すためだったのだろうか。

その背景を探るべく、ネットを駆使し次の二つのインタビュー動画を見つけた。ＶＯＧＵＥ ＪＡＰＡＮ「監督ギレルモ・デル・トロが語る『パシフィック・リム』とハリウッド」（https://www.vogue.co.jp/lifestyle/interview/VJ102-VFHollywood-S1-DirectorGuillermodelToroon_PacificRim）と、ワーナーブラザース公式チャンネル『パシフィック・リム』（特別映像）（https://www.youtube.com/watch?v=fFMzSSUtenE）である。

まずＶＯＧＵＥでは、「今回僕が大事にしたのは人間らしさや物の美しさ。できれば十二歳のままで映画館に座ってロボットの物語を考えていたい。化け物と戦っているストーリーとかをね。僕には六歳と十二歳になる娘がいるけど、あの子たちの見本になるキャラクターを作りたかった。『パシフィック・リム』は非現実的な世界の話だけど。どんな困難が立ちはだかろうとも、人と人が、性別、人種、宗教などを超えて協力すれば、必ず打ち勝つことができるんだというメッセージを子供たちに伝えたかった」

この発言で私はようやく『パンズ・ラビリンス』との親和性を感

写真：Everett Collection／アフロ

じた。そしてワーナー公式チャンネルのインタビューでは具体的な創作過程に言及し、「今回怪獣やロボットのデザインにはアニメ好きのアニメーターを集結させた。彼らに課したルールは何かを参考にしないこと。この世界観に合うロボットだけを採用したよ。最初はロボットの輪郭から決めてそれから細部を決めた。一体ごとに性格も違えば戦い方も違う。人型巨大兵器ロボットは我々が十代前半の頃に夢中になったロボットをイメージした。とは言っても人の類似ではダメなんだ。過去の映画やアニメで見たことあるようなものは作りたくなかった。全てオリジナルで作りたかったんだ。日本の特撮怪獣は多種多様だが、我々は実在する生物の形にこだわった。ゴリラやサメもモデルにしたよ」ギジェルモ監督は日本の特撮や漫画の影響は認めつつもオリジナルなものを目指したと一応言ってはいるけれど（笑）、なるほど、彼のインタビューを聞くと確かに彼の発言通りの映画にはなっているし、彼の生い立ちも加味すれば『パシフィック・リム』はどうしても彼が作りたくてしょうがなかった作品だと感じることはできる。しかし、何かがスッキリしない。

一つ気になる点がある。実はこの企画は脚本家のトラヴィス・ビーチャムが原案で、ギジェルモ監督との共同脚本になっている。もともとトラヴィスとギジェルモ監督は別企画を動かそうとしていたので旧知の仲ではあったろうが、リジェンダリー・ピクチャーズが

パシフィック・リム

まずトラヴィスのプロットを買い上げ、その後、彼がまず第一稿を書き上げたようなのだ。

僕自身が脚本家から監督になったのでよくわかるが、得てして監督は全ての手柄を自分のものダと言いたがるものだ。実際ギジェルモ監督がトラヴィスとの共同作業に関して言及する発言は私の努力が足りなかったせいもあるがネット上では見つけることができなかった。そうなると余計にトラヴィスが今回の映画にどこまで貢献しているのかさらに知りたくなった。すると探せばあるもので、米国の脚本サイトＳＣＲＩＢＤ（https://ja.scribd.com/document/230386401/Pacific-Rim-Undated-Digital）でトラヴィス・ビーチャムによる第一稿をダウンロードして読むことができたのだ。但し、当然ながら全て英語だったので拙い英語力と翻訳ソフトを駆使しながら最後まで何とか目を通した。そして、完成した本作との違いのいくつかを発見することができた。

以下、その主なところを箇条書きにしてみると、

・舞台として日本が多く登場。大阪やみなとみらいやお台場にもＫＡＩＪＵ（トラヴィス版ではＫＪと示されている）が出現する。ガンダムやエヴァの固有名詞も出てくる。

・フリックという女性ジャーナリスト（恐らくローリーの兄の昔の恋人？）が登場し学者のニュートとドリフトを使って怪獣を倒す方法を見つけていく。

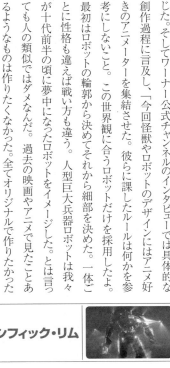

・司令官ペントコストと森マコとの間には過去の因縁などなく、マコは冒頭ですでにパイロットして戦ったのちパートナーを失っており、ペンコストはむしろマコの復活を望み、兄を失ったローリーとパートナーを組ませようと考え、一緒にワルツを踊らせたりもする。
・マコのトラウマは脳をドリフトしたローリーだけが知っている。
・やがて二人は互いの言葉（マコは日本語しか話せない）はわからなくても意思の疎通ができるようになるが、ローリーはテレビ東京の番組を見て日本語の勉強もする。
・つまりマコとローリーのラブストーリーが物語の中心となっている。
・ちなみに怪物業者のハンニバル・チャウは登場しない。

結論から言えば、大まかな流れは同じだが、元のトラヴィスによる第1稿の方がドラマチックであり、人間同士の関係性と《喪失したものをいかにして取り戻すか》のテーマに軸が置かれている。しかしローリーとマコのラブストーリーは完成作品からは大きく省かれ、その分バトルが増やされ、つまりギジェルモ監督はトラヴィス脚本を大きく自分に引き寄せ、彼がインタビューで発言した通りの方向性の映画へと舵を取ったのだが、《喪失したものをいかにして取り戻すか》というテーマはまさに現実で失ったものをファンタジーによって取り戻す『パンズ・ラビリンス』に通じるものがあり、元々がギジェルモ監督のオタク魂を爆発させ得る要素に満ちた企画ではあったろうが、実はギジェルモが一番最初に惹かれたのはその《喪失したものを取り戻す》というテーマだったのではないかと想像したのである。

　であれば、なおさらデル・トロ監督はトラヴィス脚本の映画への貢献度をもっと語ってあげるべきだったのではないかとも思うのであった。

作品論

09 吸血鬼に対する研究成果が生きたTVシリーズ

ストレイン／沈黙のエクリプス

ミルクマン斉藤
Milkman Saito

デル・トロが愛してやまないさまざまなモンスターたちのうち、一貫して執着を示していると思われるのはやはり吸血鬼ではないだろうか。七歳のころからヴァンパイアに魅了され、映画はもちろん膨大な研究書、神話、伝説、小説を読破。もしそうした種族が実在したとすれば、生物学的にどういう身体構造を持ち、どんな社会システムを構築しているのかなど細部に至るまで彼なりの考察を続けてきたという。であるから、記念すべきデビュー作『クロノス』は人間がヴァンパイア化する感染システムと不死性の神話を扱った物語だったし、もともとハーフ・ヴァンパイアが主人公である『ブレイド2』もまた異なる感染システムと、異なる吸血種族どうしが抗争する物語と化した。

そんな研究の〝成果〟をたんまりぶちこんだ物語を作りあげ、〝「CSI：科学捜査班」＋ゴシック・ホラー〟といったテイストのTVシリーズを企画したのは『パンズ・ラビリンス』の前後、二〇〇六年のことだったらしい。当初はFOXテレビと交渉に入ったものの「もっとコメディ・タッチにしてくれ」と注文をつけられ決裂。新たな製作相手を探す余裕もなかった彼は、そのスクリプトを三部作の長編小説にしようと試みる。

その第一部「ザ・ストレイン」が上梓されたのは二〇〇九年（邦訳では文庫化の際「沈黙のエクリプス」と改題）。デル・トロ自ら指名した共著者は、ベン・アフレック監督・主演『ザ・タウン』(10)の原作「強盗こそ、われらが宿命」等で知られる三歳年下のミステリ作家チャック・ホーガンだ。デル・トロの設定資料をもとに、ふたりはメールでアイデアを交わしながら、年一冊のペースで第二部「暗黒のメルトダウン」、第三部「永遠の夜」を書き上げた。邦訳文庫版にして約二千ページの堂々たる大冊である。

もともと映像化を目論んで作られたプロットでもあり、脳内に画面が容易に浮かぶような作品で、長尺とはいえどもそのリーダビリティは尋常ではない。果たして第一部の刊行後すぐに映像化の話が殺到したが、デル・トロは三部作の完結を待って慎重に交渉相手を吟味、二〇一四年からFXネットワークスで放送が開始された（なんのことはない、結局20世紀FOX傘下じゃないか、という話もあるが）。

ベルリン発ニューヨーク行きのリージス航空753便が、JFK空港に到着するなり滑走路ですべての活動を停止した。アメリカ疾病予防管理センター（CDC）の疫学者エフラム・グッドウェザー（通称〝エフ〟。ちなみに原音に近い原作訳とドラマ版吹替&字幕では固有名詞の読み方に違いがままあるが、本稿では後者に則って表示する）と、同僚で不倫相手のノーラが機内の調査に赴くと、乗客・乗員全員が座席でこと切れていた……いや、たった四人の生存者を除いて。さらに調査すると貨物室でオカルティックな文様が彫りつけられた巨大な木棺が見つかったが、いつの間にか行方不明に。いっぽう、スパニッシュ・ハーレムで骨董屋／質屋を営むエイブラハム・セト

ストレイン／沈黙のエクリプス

ラキアンなる老人が、エフらに〝彼〟の到来を忠告するも無視されてしまう。その頃、全身の血を失い頭を叩き潰された空港検査員の死体が発見され、モルグの乗客たちが生き返って検死官を襲い……。

これがデル・トロ&ホーガンが脚本を、デル・トロが監督した第一シーズン第一話（パイロット版）のおおまかな筋だ。ここに挙げた他にも離婚調停中のエフの妻ケリーと、ふたりが親権を争う息子ザックなど、シリーズ通して活躍するキャラクターがとりあえず紹介されるし、かつ「マスター」と呼ばれる吸血鬼の長老（その姿は開巻四分で登場！）と、人間の体内に侵入し吸血鬼へと変成させる白い条虫「血虫」の存在を示すのがこの開幕編の役割である。

二話以降で明らかになっていくのだが、「マスター」はヨーロッパから棺に入ってアメリカに渡ってきたのだ（明らかにブラム・ストーカー『吸血鬼ドラキュラ』やムルナウ『吸血鬼ノスフェラトゥ』へのオマージュ）。「マスター」自身の持つ「菌株」（strain）により、また彼がジャンボ機内で血虫を感染させた乗客たちにより、あっという間に吸血鬼の「種族」（strain）はニューヨークから世界じゅうに広がっていく。

口が花のように開き、咽喉から飛び出した肉顎で吸血する独特のメカニズムは『ブレイド2』のリーパーズと類似しているが、デル・トロはさらに臓器の変容にも解剖学的な考察を加える。ドラマでも第一シーズン第四話のあたりでしっかり映像化されている

Regis Air Interna

が、ここは訳書から適宜引用すると、吸血鬼は「酸素、鉄分、それに他の多くの栄養分」を摂取するために血を欲する。吸血行為で体内に血虫を送りこまれ、増殖させてしまった人間は「循環器系と消化器系が融合し、ひとつになる」「体内の臓器は、吸収され、変形する。変成後の個体は、もう呼吸をしない」。そうして「かつての咽頭、気管、肺嚢が、新たに発達した筋肉と融合」したとげのある器官を「胸腔から放出し、百二十センチから百八十センチほどまで伸長させ」て自らもまた吸血するようになるのだ。「食物をたくわえるスペースはない。消化されなかった漿液や残留物は、入ってくる栄養の場所を空けるために排出する必要がある」。「給餌しながら排泄する」から常に吸血鬼の棲息する場所にはアンモニアの反応があるのだ。

もっとも映像では排泄についてはほとんど描かれない（ちなみに生殖器も失われる）が、なんとも想像力豊かな設定ではないか。これをヴァンパイア・ハンターの仲間となったエフらに説くのはセトラキアン。第二次大戦時、トレブリンカ絶滅収容所で吸血鬼の姿を目撃して以来、復讐の運命を背負ってしまったルーマニア系ユダヤ人の彼は、「ルーマニアにおける最も一般的な吸血鬼」（マシュー・バンソン「吸血鬼の事典」、１９９３）である「ストリゴイ」という名でこの種族を呼ぶ。いわば彼は「吸血鬼ドラキュラ」のヘルシング教授的役割なのだ。

ストレイン／沈黙のエクリプス

「マスター」の移動を裏で指図したのは全米屈指の大富豪エルドリッチ・パーマー。『クロノス』におけるデ・ラ・グアルディアにも似たキャラクターだが、ＳＦファンなら即この名前にニヤリとするだろう。フィリップ・Ｋ・ディック「パーマー・エルドリッチの三つの聖痕」の中心人物……不死にも似た現実崩壊感覚をもたらすドラッグを宇宙から持ち帰る大実業家に由来しているのは疑いようがない。いわばエルドリッチ・パーマーは人類の滅亡と引き換えに「マスター」から不死を得ようと画策するのだ。ただし彼をそそのかしたのは元ナチス将校のトマス・アイヒホルスト。特別な役割を果たすため、「マスター」によって外見は人間のままであることを許されたストリゴイであり、セトラキアンとは収容所以来の因縁がある存在なのである。人類史の汚点ともいうべき残虐さに満ちた時代をフィクションに入れこむのも、言うまでもなくデル・トロの主義だ。

その他の主な登場人物は、有害生物駆除業者のヴァシーリ・フェット、ドラマのオリジナルキャラだがバイセクシュアルの女性ハッカーでほとんどヒロイン的位置となるダッチ、メキシコ系ギャングの青年ガス、ローマ帝国のグラディエーターでずっと「マスター」を滅ぼすべく狙い続けてきたハーフ・ストリゴイのミスター・クインラン、等々。全四シーズン四六話、善悪が混沌とした彼らの物語が「各話それぞれのメイン・ストーリーはあるものの、エピソードが並行しかつ回をまたいで連続する」というアメリカン・ドラマ特有の群像劇スタイルで語られていく。ドラマと原作はかなりキャラクターや展開が異なっているが、いつまで経っても治らない主人公エフの頑固さと女癖の悪さ、その息子ザックの常軌を逸したマザコンぶりに辟易とするのを除いては、ドラマならではの展開も違和感なく飽きさせない（第五シリーズ製作の噂もあったが、むしろこのあたりで風呂敷を畳んで正解だったろう）。

なおデル・トロはホーガンらとともに製作総指揮として全体を統括しているが、エピソード全体を監督したのは前述した第一シーズン第一話のみ。ただし、おとぎ話のかたちで「マスター」の起源を語る第二シーズン第一話と、第二シーズン第四話のともにプロローグ部分は自ら演出している。特に後者は、やがてメキシコ人ガスの仲間となる元ルチャ・リブレの覆面スター〝銀の天使〟＝エンジェル・デ・ラ・プラタ（でもここはスペイン語で〝アンヘル〜〟と読んでほしい）が過去の栄光を懐かしみVHSで観るモノクロB級映画。好事家なら御存知だろうが、五〇〜七〇年代にメキシコで流行ったレスラー・ヒーローもの（俗に「エル・サントもの」とも呼ばれる）のチープな荒唐無稽さを絶妙に再現していて、まさにデル・トロならではのマニアックな出来なのだ。

各話の監督にも言及しておきたい。いちばん多いのは七エピソードを監督したJ・マイルス・デイル（本作や『シェイプ・オブ・ウォーター』『MAMA』のプロデューサー）で、かなり物語の要となる部分を担当している。デイヴィッド・リンチの娘ジェニファー（一エピソード）、リチャード・C・サラフィアンの息子でロバート・アルトマンの甥デラン・サラフィアン（三エピソード）、ジョン・ヒューズの盟友ハワード・ドゥイッチ（二エピソード）、『ラウンダーズ』のジョン・ダール（一エピソード）など知る名もあるが今やほぼTVドラマの監督で、手抜きはないが個性も稀薄。むしろロボコップorバッカルー・バンザイことピーター・ウェラー（三エピソード、彼はTVドラマも多く監督する）やヴィンチェンゾ・ナタリ（三エピソード、デル・トロとは『スプライス』で縁がある）の、ジャンルもののツボを押さえた演出に見応えがあるか。感慨深いのは物語の局面が大きく変わる第二シーズン第一話を監督したドラマ界のヴェテラン、グレゴリー・ホブリットの起用。彼は今に繋がる群像劇スタイルをアメリカTV界に定着させた名作『ヒルストリート・ブルース』（81〜87）のメイン監督のひとりであり、その重厚感さえ感じさせる演出は流石の腕と思わせるのだ。

作品論 10

イーディス・カッシングがふたたびペンを執る

クリムゾン・ピーク

藤本紘士
Fujimoto Hiroshi

冒頭まもなく、一九〇一年のアメリカ、ニューヨーク州バッファローの町で小説作品の持ち込みをしようとしている主人公、イーディス・カッシング（ミア・ワシコウスカ）は、建物の中で偶然、幼馴染みであるアラン・マクマイケル（チャーリー・ハナム）と出会う。あとからやってきた母親と妹たちが大英博物館で会った準男爵が渡米してきたと噂しているところへ、イーディスは、貴族階級など「ただの寄生虫」だと言い放つ。それに対し、アランの母親から、ジェイン・オースティン気取りか、生涯独身のつもりなのか、といった言葉で揶揄され、イーディスは、私はメアリー・シェリーのファンだ、彼女は未亡人だった、と返す。メアリー・シェリー（1797〜1851）といえば言わずと知れたゴシックホラーの古典「フランケンシュタイン」の作者で、この作品は一八一八年に出版されて、一八五一年に亡くなるまでに三回の改訂がなされている。つまり『クリムゾン・ピーク』はメアリー・シェリーが亡くなってちょうど五十年後のアメリカを描いていることになる。いまでこそ世界中で読まれている「フランケンシュタイン」だが、その出版には紆余曲折があり、甘い恋愛小説ならともかく、こういうホラー作品などは女性が書くのにふさわしくないだとか、男性の伴侶の協力によって産み出せたのだろうだとか、いわゆるテクスチャル・ハラスメントによって門戸は固く閉ざされていた。実際、はじめに出されるときには作者名は伏せられ、すでに著名な詩人であった夫のパーシー・ビッシュ・シェリーの序文をつけることが条件とされた。

それから五十年後の、メアリーのいたイギリスよりもはるかに若々しい国であるアメリカでさえ、イーディスは、こんな幽霊譚などではなく恋愛小説を書きなさいと諭され、「手書きに味があるね」などと言って原稿を突き返されてしまう。

「私はメアリー・シェリーのファンだ」という台詞しかり、イーディスのキャラクター造形と冒頭の一連の流れには、この映画作品を観賞するにあたって、文学にまつわる要素が多く含まれている。そもそもイーディス・カッシングという名前の由来がイーディス・ウォートン（１８６２〜１９３７）という、幽霊譚で知られるアメリカの小説家であるということがBlu-rayに収められているコメンタリーで監督自身によってあかされている。同時代だしアメリカだし、おそらくイーディス・カッシングも彼女の作品を読んでいるのではないだろうか。このコメンタリーはとても面白いもので、デル・トロ監督のゴシックロマンスへの偏愛ぶりがよくわかるので機会があればぜひ聞いてもらいたい。なにかがとても好きだ、という人がその好きなものについて熱心に語っているのを聞くのはとても楽しいものだ。ゴシックロマンスのはじまりは、一七六四年にイギリスで発表されたホレス・ウォルポール（１７１７〜１７９７）による「オトランド城奇譚」であり、理性と教養が最重要視されていた時代にその反動のように流行っていたのだが、このゴシックロマンスについて、それはたしかに魅力的ではあるが、おそらく、そういっ

クリムゾン・ピーク

た小説の中には、人間の性質などは求めるべきではないのだろう、と言い放ち、「ノーサンガー・アビー」（１７９８、発表は１８１７）という作品でゴシックロマンスを思いきりパロディして描いて、流行を終わらせてしまった、とされているのがほかならぬジェイン・オースティン（１７７５〜１８１７）その人で、そう思って先のアランの母親による揶揄を目にすると、それがいかに的外れであるかはもちろん、イーディスにとって、どれだけ腹立たしいものであったかと想像するのは難くない。それに対し、くだらない、子供じみた、人間が描けていない、低俗な娯楽に過ぎない、などといったレッテルを貼られつづけてきたゴシック小説（ゴシックロマンスとゴシックホラー、両方を含む表現をここではあえて採用したい）を極限にまで磨きあげ、芸術の域にまで昇華させたと評される「フランケンシュタイン」の作者、メアリー・シェリーを出してきたのには、さすがとしか言いようがないのだが、残念ながら彼女たちには伝わっていないだろう。アラン自身はコナン・ドイル（１８５９〜１９３０）のファンで幽霊にも関心を示しており、イーディスとの共通の話題として彼女と仲良くなろうとしているのだが、相手にまったくその気がなくてうまくいっていない。イーディスと会った建物の中で眼科医を開業するが、コナン・ドイル自身も、かつて無免許のままロンドンで眼科医を開業して、まったく患者が来なかったということがあり、それを踏まえるとちょっと意地悪な設定で面白い。ちなみにコナ

ン・ドイルは心霊主義者としても知られているが、彼が心霊主義についての著作をはじめに出したのは一九一八年のことのようなので、やはりコナン・ドイルに傾倒したから幽霊に関心があったのではなく、イーディスに近づきたくて幽霊に関心を示したと見るのが正しいのではないだろうか。このどこかずれた文学との接点が親子ならではと言えなくもなさそうだ。

『クリムゾン・ピーク』における文学的要素としてもうひとつ外せないのは、アランの母親と妹たちが噂していた準男爵トーマス・シャープ（トム・ヒドルストン）の「青髭」的要素だろう。姉のルシール（ジェシカ・チャステイン）とともにトーマスは世界各国の孤独な富裕層の婦人を見つけ出しては結婚して、アラデール・ホールと名づけられているかれらの館へ連れてきては殺害し、地下室の赤錆色した粘土の貯蔵庫の中へ沈めていた。イーディスもおなじようにトーマスに惹かれ、姉弟に目をつけられるのだが、その過程、食事会の席で姉弟がイギリスへ帰国すると発表する際に、トーマスはイーディスを傷つけてしまうことに若干のためらいを表情にあらわしている。青髭的存在でありながら従来の青髭とは違う心情を見せるところに、デル・トロの工夫が見られる。

イーディスとトーマスはそれぞれ、イーディスが過去を見る未来、トーマスが未来を見る過去、といった対の関係にあり、両者とも時代から浮いた存在で、互いに惹かれあう。幽霊は過去のメタ

クリムゾン・ピーク

ファーだ、とイーディスが自作を説明する場面も何度か登場する。

一方で、トーマスと依存しあう姉弟として描かれるルシールは、イーディスとは蝶（イーディス）と蛾（ルシール）という、対立するモチーフとともに描かれる。

アメリカにいたころには、常に黄金色の光を身につけているように演出されていたイーディスは、イギリスの雪原の中に建てられたアラデール・ホールに来てから、だんだんとその光を失っていく。同時に彼女の使う椅子や食器類もじつは途中からサイズを大きくしたものを用意しており、館そのものである過去に囚われてしまったイーディスが力を失い、ちいさくなっていっているような印象を与える。これだけ書けば従来のゴシックロマンスとおなじようにただの「囚われの姫君」となってしまい、あとは王子の助けを待つだけ、というありふれた展開に過ぎなくなるところだが、本作は違う。

衰弱していきながらも、好奇心旺盛なイーディスは入ることを禁じられていた地下室へと侵入しルシールによって毒を盛られつづけていたことを知るのだが、気づいたころにはもう事態は悪いほうへ進んでいて、雪に鎖ざされた館から無事に逃げ出していくことは不可能と言っていい。

ここでイーディスの父親の死を不審に思い、独自に調査をつづ

けていたアランが、まるで白馬の王子のごとくあらわれ、イーディスを介抱するついでに、姉弟についての真実を明かし、館からの脱出を試みるも姉弟に捕まり、二人から刺されてしまう。イーディスへの愛から成長を遂げ、生まれてはじめて姉から独立することをひそかに決意したトーマスの計らいにより、アランは地下室で囚われの人となって助けを待つことになる。一方でイーディスは蝶が閉じこめられた捕虫瓶が飾られているルシールの部屋へ連れていかれ、二人に父親の遺産を譲るとする書類にサインさせられようとする。アラデール・ホールに来てからは、ものを書くこともなくなっていたイーディスだったが、このとき手にした、生前父親から送られた黄金色のペンによって力を取り戻す。彼女の原稿を火へ投げ入れつつ、ルシールが勝ち誇ったように彼女の父親を殺したのは自分であるとあかすと、イーディスがペンでルシールを刺し、その隙に部屋から飛び出す。それを巨大な肉包丁を手にしたルシールが追い、館全体を駆け巡った末に、雪に覆われた掘削機の佇む古聖所へと出る。霧に包まれた中での、美しいものは弱いという固定概念が嫌いだと言う、監督ならではの激しい戦いの中で、大きなスコップで応戦したイーディスが勝利を収め、アランを抱きかかえてアラデール・ホールの敷地から出ようとする場面で終わる。なお、ここまでのあいだ、イーディスがアランに恋心を抱きそうになることは一瞬たりともない。

ゴシックロマンスの定型を崩しつつも、ゴシックロマンスへの愛をもって創造されたこの物語世界は、エンドロールのあと、剣に勝るペンの力をふたたび勝ち得ることのできたイーディス・カッシングによって書かれ、出版されたとあかされる。なるほど、フェミニズム思想の先駆者とされるメアリー・シェリーや、イーディス・ウォートンの系譜にある小説家として、男性登場人物が背景に退き、強い女たちが活躍するこの物語の作者として彼女はふさわしい。もしかすると、冒頭で受けた編集者のアドバイスから、アランの境遇が生まれたのではないか、と想像するのもまた愉快ではないだろうか。

作品論 11

シェイプ・オブ・ウォーター

隠喩に満ち溢れた異種婚姻譚

ヴィヴィアン佐藤
Vivienne Sato

まさか二〇一七年、半魚人と中年女性の異種婚姻譚作品がアカデミー賞作品賞や監督賞を受賞するなどとは思いもしなかった。本命ではあったが。

というのは、二〇〇七年ダーク・ファンタジーテイスト溢れる『パンズ・ラビリンス』日本公開の際に、私は故川勝正幸さんに要請され、関連冊子に寄稿したり公開記念イベントをしたり宣伝協力をしていたのだ。『パンズ・ラビリンス』は当時のハリウッドのSF映画とは全く異質なテイストで、人間が入った人間の動きをする奇怪な怪物たちがいくつか出現した。

スペイン内戦時代の政治的に厳しい状況下で、主人公の少女オフィリアは母親の再婚相手の厳格なヴィダル大尉との軋轢、孤独を経験し、戦争という現実とは異なる妖精やおとぎ話の世界に身をどっぷり投じるファンタジー作品であった。

私の感想は、少女しか見えない妖精や怪物が出現する世界が幻想ファンタジーならば、大人が形成する社会や当時の複雑な国家の状況下の戦争もまたそれとは異なるひとつの幻想であり、大人のファンタジーではないか、というものだった。

作品はハリウッド映画とは異なる受け取られ方をされ、中央から外れたある種辺境の価値観、言語を持つファンタジー作品だと評価された。もちろん当時は多くのファンを獲得したが、決して世界中の人々が大絶賛した作品ではなかった。

しかし、十年を経て製作された『シェイプ・オブ・ウォーター』

が、似たような構造で、まるで主人公の少女が大人になってから（オフィリアは亡くなっているような描き方で終わるし、国も時代も全く異なるのだが）の人生を描いているような内容、どうして今更これほど大きな評価を得たのだろうか。ほとんど同じことを十年も前からやっているのに今更、という疑問はいまだにある。

さて、本題へ移ろう。

日めくりカレンダーから推測すると、九月十八日火曜から十月十日水曜までの約三週間の物語。ボルチモア近郊の「オルフェウス」という名を持つ劇場の上階に住む、主人公イライザとゲイでイラストレーターのジャイルズ。

イライザは孤児院で育ち、生まれて間もなく川から拾われ首に深い傷を持ち、「人魚姫」と同様に声を喪失している。「人魚姫」では魔女と契約をして、人間になる対価として声を奪われた。イライザもまた声を持たず、ハイヒールや靴をこよなく愛し、好きなミュージカル映画の主人公たちのように、上手にタップを踊ることができる、半身半魚という人魚ではない完璧な両足を持つ人間である。

設定時代の一九六二年に、劇場「オルフェウス」でアンコール上映として流されている作品は、『砂漠の女王』(60)と『恋愛候補生』(58)だ。前者はダビデ王の先祖であるルツの物語。モアブ国で生贄になるはずだった少女ルツが国や社会の規範から抜け出し

シェイプ・オブ・ウォーター

力強く生き抜く。後者は原題は『ＭＡＲＤＩ ＧＲＡＳ』。ニュー・オーリンズで行われる祭マルディ・グラを背景に士官学校生たちの恋愛物語。劇場「オルフェウス」オーナーが、店頭電光掲示板の「Ｓ」がひとつ足りないとスタッフに文句を言う場面があるが、それはオーナーの勘違いで、「ＧＲＡＳＳ」ではなく「ＧＲＡＳ」が正解。ここは地元の一般市民の無教養さを表現したのだろうか。

マルディ・グラ祭は「肥沃な火曜日」というフランス語の意味で、カトリック教会暦の謝肉祭（カーニバル）の最終日、「灰の水曜日」の前日。英語では「パンケーキ・デイ」ともいう。劇中イライザが通勤のバスでパンケーキを持っている男性が登場する。また謝肉祭では自身の日常の狼藉を大きな藁人形に託して火をつけ燃やすことが行われる。焼けたカカオの匂いが自宅まで漂うチョコレート工場の大火事は、その身代わりの藁人形の比喩であろうか。「パンケーキ・デイ」から始まるこの物語は、チョコレート工場、幼少から愛しているキャンディー、「ディキシーラグ」のキーライムパイ、ストリックランド家のゼリーパフェ、ホフステラー博士自前のバターケーキ……と全編にわたり登場するあたかもスイーツのコース料理のようだ。また「灰の水曜日」から復活祭の前日までの四旬節は、肉抜きの断食期間であり、その前に家庭にある動物性の食品を全て食べつくすという習慣がある。劇中多くのゆで

RY OF
TH

卵が出てくるのもその隠喩だろうか。本物のマルディ・グラは二月終わりか三月初めだが、この映画の設定は半年ずれた九月から十月の秋となっている。日本でいうハロウィンのような、仮装や怪物やモンスターに扮してハメを外すイメージがある。

さて、冒頭と最後に語り部のナレーションが、この物語について自分の言葉で語っている。「あれはハンサムな王子の時代が終わりに近づいた頃……」からはじまり、「これは真実と愛と喪失の物語」であると。そして、「すべてを壊そうとしたモンスターについて」。

この深い渋みのある声の主は同居人のジャイルズである。彼が物語の一部始終を語ってみせるという構造なのだ。彼の職業は広告のイラストレーターであるが、写真メディアに仕事を奪われ会社さえも解雇されている身だ。肉筆で描くイラストレーターだからこそ、自身の解釈や感性が存分に生かされた作品が出来上がる。「物語る」という作業には、起きた出来事や事件をただ記述し語り、後世に残すことだけではなく、自身の経験や人生そのものや考えもそこに織り込む。冒頭その優しいナレーションに載せて、イザベラが海の中の美しい宮殿のような自宅で、ソファで睡眠を取っているところから始まる。これは映画の最後のシーンを彼女自身夢を見て予言しているのか、もしくは物語の最後と冒頭

シェイプ・オブ・ウォーター

が繋がって永遠に終わることのない円環構造になっているのか。神話オルフェウスの得意な楽器竪琴のような、ハープの美しいメインテーマが流れている。

ガストン・バシュラールは「水と夢」のなかで、「水は若くて美しい死、花咲ける死の要素」と記した。「水」と「若い女性」と「狂気」と「自殺」といったイメージの連鎖を、シェイクスピア「ハムレット」のヒロインから取って「オフィーリア・コンプレックス」と名付けた。

このイライザもまた半魚人と恋に落ち、最後に半魚人から誘われ海へ転落し人魚となるが、このイメージの通りである。海に転落し半魚人の接吻の魔法にかけられ、幼少期に負った喉の深い傷がエラとなり、足を否定する意味でハイヒールが脱げ落ちていく。

前半、半魚人がストリックランドの指を二本食いちぎる。急遽掃除を言いつけられ研究室に入ったイライザは、切断された二本の指を血まみれの床から発見し、その流れで水槽に入れられている半魚人と初めて対面することになる。三時間かけて医師が骨を固定して腱を縫合したという指は、イライザと半魚人との出逢い、交流、逢瀬を繰り返し、そして救出劇の末のわずかな同棲期間を経て、海への帰還の手伝いのプロセスに至るあいだ、徐々に変貌を遂げていく。ようやく縫合したはずの指は、保護されている包帯から血が滲み出し、やがて化膿し膿汁が噴出。

黒ずみ悪臭を放ちだし、最終的にはストリックランド自身がその指をゼルダの家のリビングの床に投げつける。

そこでストリックランドは、旧約聖書の、「サムソンとデリラ」の話の続きをはじめる。デリラの裏切りによってサムソンはペリシテ人に幽閉され拷問され、目玉を抜かれた。投獄されたサムソンは神に祈り、最終的に怪力を取り戻し神殿の柱を二本揺さぶって倒壊させ、三千人ものペリシテ人を道連れにした。この神殿の二本の柱とは、今度は自ら引き抜いた自分の二本の指のことであろう。徐々に生気を失う二本の指と並行して、南米アマゾンの奥地から近代的な都会に連れてこられ一枚一枚鱗が剥がれ落ちる半魚人。この場合ストリックランドの二本の指と半魚人は同等の意味合いを持つ。物語の登場人物の相関図において、イライザとストリックランドは対立構造にあるが、同時にストリックランドと半魚人は同じ人間のふたつの側面とも解釈が可能ではないだろうか。精神分析において道徳や規範を無意識に理解しているのが超自我（スーパーエゴ）と呼ばれている領域で、この場合、この時代の社会構造や規範の枠に囚われ固執状態から抜け出せない状態でいるのが、まさにストリックランドである。そして、人間の持つ本能的な感情や欲求、衝動などの領域であるイドは、半魚人のこと。その両方に耳を傾け調整しコントロール役の自我（エゴ）が、二本の切断され縫合され再びちぎられた指とも言える。

研究室でのストリックランドと半魚人は相性が悪く、警棒で痛め続けられていた半魚人はストリックランドの指を食いちぎる。そのときから二本の指は半魚人側に属すことを始めようとする。しかし、指は縫合されるが上手くいかない。ふたりの傷つき弱る男の仲介役として二本の指があるのだ。

また全編美しい色彩で彩られている緑色は、ストリックランドのキャデラック新車の「ティールグリーン」だ。ティールとは鴨の羽根の色のことで、この映画はイライザの途中から身につける真っ赤なヘアバンド以外は、ほとんどティール一色と言っていい。最初イライザの日常ルーティーンを写しているシーンで、出勤前に、その日に履いていくハイヒールをブラッシングするシーンがある。そのブラシは鴨の柄のブラシである。舞台は一九六二年であるが、家の壁紙や内装はアールデコとアールヌーボーの中間くらいの様式。当時としてもちょっと時代遅れの内装であろう。時代から少し取り残された、まだ人間の手作業が残っていたり、当時として古いメディア周辺、怪物でさえ中に人間が入っていることがわかるような、そのような場所に人間らしさがあり、物語が生まれると信じていることが伝わってくる。

そんなところにギジェルモ・デル・トロの、いわゆるハリウッドのSF映画に反旗をひるがえす姿勢が見てとれるはずだ。

デル・トロと舞踏

いわためぐみ
Iwata Megumi

デル・トロの中の舞踏。という私のつぶやきを原稿にしても良いと言ってもらったので、短い文章を書くことになった。はたしてこの言葉がちゃんと通じるのか？　ということに、若干の不安を感じながらタイプしている。

「舞踏」とは、土方巽を始祖とする前衛舞踊のこと。「暗黒舞踏」とも書かれるが、それは土方巽のみに冠される言葉であると言われることもあり、厳密には「舞踏」と「暗黒舞踏」はイコールではない。日本での知名度は低いが、海外では日本固有の表現として高い評価を得られており、「ＢＵＴＯＨ」に対する報道や研究なども多い。浮世絵同様、自国独自の文化の評価が低いパターンだ。

さて、土方巽とは何者だったのか？

舞踏の始祖・土方巽は、モダンダンスを学び、役者としてダンサーとして映画や舞台にも立ち、当時の多くの表現者たちを魅了するようなきらめきをもった作品を残した。それは身体的なパフォーマンスだけでなく「犬の静脈に嫉妬することから」「病める舞姫」といった著作としても残されている。また土方巽と彼のカンパニーの舞踏手たちは、石井輝男監督の『江戸川乱歩全集　恐怖奇形人間』（1969年公開）にも出演している。土方巽は菰田丈五郎として怪演。舞踊手たちは、奇妙な姿をした奇形人間たちだ。

現代日本ではあまり知られていない舞踏だが、それでも一般的な理解と言えば、このようなイメージになるだろうか――女装で踊る。白塗りをした、古い日本を思わせる化粧。四肢を縮ませ、歌舞伎絵のような見開いた目、歪んだ口。剃髪で裸体あるいは、白に赤、古い着物、女装といった異相で、踊りというかゆっくりと這うような動きだったり、ぴょんぴょんと跳ねたり。

つまりこの視点で見る限り、デル・トロの作品の中に舞踏家が出てくるわけでも、舞踏シーンがあるわけでもない。デル・トロが土方巽に言及したものも見つけられない。しかし私は、デル・トロの映画の中に、ふと舞踏性を感じることがあったのだ。

舞踏性とはなんぞや。舞踏が舞踏である結縁。土方巽は、舞踏とはなんぞやと問われて「明日、私が作る作品」と答えたという。舞踏メソッドというものは、存在しない。

土方巽は今までの舞踊とは異なる世界を求めて踊り続け、ある時期からは振り付け演出に専念した。それは、自分の頭の中にあるなにものかを他人の身体を通じて現出させることだった。その独特のコミュニケーションは、「舞踏譜」と呼ばれる資料と、実際に訓えを受けた舞踏手たちの証言や、同時代に土方巽に憧れた創作者の作品の中に残っている。そこで舞踏手たちがなしたのは、模倣、あるいは剽窃。言葉は卑しく聞こえるが、訓えとはそういったものだ。繰り返し師匠のしごとを模倣することで、伝わるものがある。口伝されること。それが日本の伝統的な芸能の訓えの現場でもあった（もっとも、土方巽の稽古はけして模倣を強要するものではなかったと推測する。しかし、何時間も「そうではない、もう一度」と歩かせられる稽古では、歩くことを意識できなくなるくらい朦朧とするころに「それだ、その歩きだよ」と了承されて、それを「振り付け」として作品の中で再現することをもとめられたと、作品を踊ったことのある舞踊手の証言がある。舞踏譜とよばれる言葉やイメージを伝える絵や写真を使った振り付けは、振り付ける人間と踊る人間のイメージを言葉で記録する技法でもある）。

ときとして、自分の中のなにかを実現する

ために、人は模倣を技法として使う。リアルであることを求めて自分の知っている現実を模倣する。そしてSFやファンタジーの世界ですら、人は自分の想像力を超えた未来の創作を求めてありもしないものを創出するのではなくて、リアルであることが求められているのだ。リアルとはなにか。

たとえば、身体的に人間が感じられるリアル。それがなければ人は共感することはできない。共感できる身体の「状態」を再現し、それを共有することのリアル。舞踏は、リアルを持った未来の身体であり、過去を共有した共感の中に社会的なメッセージを秘めている。舞踏譜には「幽霊」という言葉が示されることがあるが、それは仕草や幽霊を真似るような「形」を意味しているのではなく、身体の状態を示している。つまり「幽霊」であるなら、身体が「幽霊」になるということである。「幽霊」を演じてはいけない。「幽霊」そのものを身体の状態を通じて、舞台の上に再現する。それは、本当に降臨させることだ。桜の花が降る下にいる身体を舞台の上に再現させたら、そこに花が咲いているのが、観客の目に映らなければならない。

私が共通性を見出すのはそこだ。
デル・トロの作品の中には、そんなリアルを模倣することによって、舞踏性が顕現している。それは、日本のクリエータや、舞踏に影響をうけた世代が伝えたのだと私は推測している。ずばり言うなら、押井守の影響であると。

デル・トロが来日した際に押井守と対談したときの動画や、パトレイバー首都決戦時に収録公開された動画は現在でもYouTubeなどにUPされている。その中のひとつ「ギレルモ・デル・トロ監督が『パトレイバー』押井監督への愛を語る」からは、デル・トロの押井守への尊敬と敬愛の念が伝わってくる。それは敬愛をもった模倣だ。あこがれが紡ぎ出す模倣。

デル・トロはこう語る。

「悲しみ、戦争、愛、それらは、私たちを『人間』にする不可欠なものです。そして素晴らしい生き物や創造物を使って『人間』の状態を描くわけです。賢者のように」

「それから、彼の未来を見据えるビジョンは今を振り返って見る未来でもあります」

「私にとって日本は文化的にも魅力的で、世界を見る視点としても魅力があります。理由は、過去の価値観を尊重しながら、その価値観が失われる運命の話ができるからです」

『パシフィック・リム』

写真:Collection Christophel／アフロ

今を振り返り見る未来。この語義矛盾のような表現に、土方を垣間見ることはないか? まさに土方巽が、そして多くの彼に影響をうけた舞踏家たちが求めた世界だ。デル・トロの語る押井作品への愛情が、これを言葉にしてくれたと私は思った。

また押井作品の中でパトレイバーの実写映像の中の技術が現実的であることを例にとり、デル・トロはこう発言している。

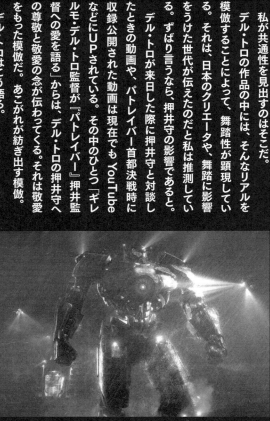

「映像の中で出てくる技術を現実的にみせたかったのも、その影響だと思います」「単にSFやアニメにでてくるカッコいいメカをつくりたくはなかったんです。本当に存在していそうな機械につくりたかったのです」

『パシフィック・リム』のイェーガーたちは、本当に存在しているように動く。本当に存在しているように動くとはどういうことか。たとえば、歩くとき。その内側でたくさんの機械が動いている。人間が操縦し、人間の判断で動いているそれは、鈍くゆっくりとまるでスローモーションのように動くのだ。それは、なぜか。

早く動けないことが「リアル」だからだ。着ぐるみのように単純に人間の形を模しただけで、人の動きをトレースするなら、スーツアクターの機敏でフィジカルな戦闘シーンが実現されるだろう。『パシフィック・リム』のイェーガーは、まるで鉄のかたまりだ。それがリアルだからだ。繰り出されるパンチも光のように速かったりしない、それが技術のリアルだからだ。マシンの中でたくさんの部品が動き、エネルギーが動いているリアル。早く動くことができないこそのリアル。

舞踏の作品が、静的な表現に見えることがある。すなわち地をはうように、ゆっくりと緩慢に動く、這いずるような動き。日本の伝統的な舞踊の世界における「間」や「気」の持つ、あのゆっくりとした動き。その中には、とてつもなくたくさんの「やらなければいけない」情報量があって、それを実現するには、早く動くことなどできないのだ。

ゆっくり動こうとしているのではない。ゆっくり動くことしかできない。それが、「人」としてリアルであることなのだ。

そして、死にたくないけれどいつか死に向かう存在として、生まれたときから「突っ立った死体」として生きているのが人間なのだ。

押井守は、土方巽の同時代のクリエータとして、影響を受けたというよりも、土方巽と同じ時代に同じ社会で、滅びていく人間社会に同じように危機を感じ、同じように苦しみ、同じように人を愛していた。

デル・トロの感じている「日本」は、今の表現の模倣の訓えの中で、日本人の表現者の間では薄れてしまった、私たちの一つ前の世代の表現者たちの心そのものであり、その作品には憧れと敬意がある。私がデル・トロの中に舞踏を感じる結縁である。

舞踏的であること、舞踏性をもつこと。それは、未来の表現を模索しながらも、伝統への視線と愛を失わないことだ。

ギジェルモ・デル・トロが、日本人すら受け継げなかったその「日本的」な表現を持っていることに私は感謝している。

第一線で活躍する、オタク監督の名前を挙げるとすれば、すぐに何人かの名前が思い浮かぶが、なかでもギジェルモ・デル・トロは飛びぬけている。一般的には、SF、ホラー、ファンタジーといったジャンル系の映画・アニメ・漫画の知識が豊富で、日本のサブカルチャーにも造詣が深く、お気に入りのアニメ作家や漫画家の名前が次々と飛び出してくる、といった感じだ。ジェームズ・キャメロンに、『アリータ：バトル・エンジェル』の原作漫画「銃夢」を勧めたのは、デル・トロだ。

彼が来日すれば、東京ディズニーリゾートへ行って童心になって遊び、オタクの聖地・中野ブロードウェイへ出かけてフィギュアや漫画を買い漁る。あのトトロのようなふくよかな体型を見れば、まさにオタク道まっしぐらな感じがする。

でもそれは彼の一端に過ぎない。もっと凄い。南カリフォルニアにあるデル・トロの自宅から少し離れたところに別宅がある。彼が愛する作家、チャールズ・ディケンズの長編小説から命名したBLEAK HOUSE（荒涼館）だ。そこにはデル・トロがコレクションした、芸術絵画からファンタジー・アートにいたる幻想

体躯が示す、斬新な創造力と飽くなき“オタク心”

鷲巣義明
Washizu Yoshiaki

絵画の数々（原画も含む）、本物と見紛うばかりの特注等身大フィギュア、市販されたフィギュア（バルタン星人やガラモンもいる）、映画プロップ、書物などが大量に安置されている（このコレクションの展覧会“At Home with Monsters”が、17～18年にかけて全米数ヶ所の美術館で開催されたほど）。デル・トロは、ここに籠ってアイデアを練り、映画のアイデアのイラストを描き、脚本を執筆する。彼の愛用の手帳（創作ノート）を取材時に見せてもらったことがある。味わいある独特の美麗イラストが随所に描かれ、気がついたことがびっしりとメモ書きされていた。

そもそもデル・トロのオタク魂が芽生えたきっかけは、二つあると推測する。デル・トロが四歳の時に父親が宝くじを当てて大きな屋敷に引っ越し、大量の子供向けの本を与えられたこと（その中には、子供向けに訳されたポーの小説や怪奇幻想小説もあった）。と同時に家族のためにあつらえた「家庭の医学百科」とか「美術鑑賞の仕方」も貪り読んで刺激され、読書好きとなって知識欲と芸術欲が満たされていった。

そしてもう一つが、八歳の頃からイラストを描いたり、粘土像を作る楽しさを覚え、また親の8㎜カメラで自主映画を撮り始める。8㎜

映画は他愛もない内容らしいが、自分だけの映画を愉しむことで創作意欲を大いにかきたてられたという。

デル・トロは、あるインタビューで映画製作の創作意欲について、「過去にない斬新な世界やクリーチャーを創ること」「モンスターへの愛情を伝えること」と語っていた。青年期にディック・スミスのメイクアップ学校に通って特殊メイクの知識を得たのも、結果すべては自分の映画のため、目標を達成するためだった。

筆者がデル・トロの名を初めて知ったのは、米国のホラー映画雑誌「ファンゴリア」の『クロノス』特集記事だった(90年代半ばの頃)。それから数年後、実際に本編を観て大感激した。奇妙なスカラベ風の骨董品〝クロノス〟から突然長い針が出て血を吸われた老人ヘススが、徐々に若さを取り戻す。オーソドックスな吸血鬼ものと同じく、血に飢え、日光を嫌い、不老不死といったセオリーを遵守しつつ、金色ながら鈍い光彩を放つクロノスの秀逸なフォルムとデザイン、便所の床に落ちた血を思わず舐めまわすほど飢えている吸血鬼ヘススの苦しみなど、ユニークで大好きな描写がある。多少粗削りな感じはしたが、長編映画デビュー作にして、デル・トロの才能や魅力が存分に発揮されていた。

この異色の吸血鬼映画は、クロノスという独自のテイストを主張させながら、ヨーロッパ感覚の映像やクリストファー・リーの雰囲気を仄かに醸し出すフェデリコ・ルッピの起用など、彼が愛するハマー・フィルムのテレンス・フィッシャー監督作へのラブレターであった。

寄生虫が仕掛けられたクロノスのデザインは、デル・トロによれば、七〇年頃のメキシコで流行った〝生きた宝石〟と呼ばれるブローチが元になっている。生きた大きな黄金虫の甲に、金や銀の帯状の土台を取り付け、そこに宝石を並べ、金のチェーンをつけて女性の胸のあたりで黄金虫が蠢く。彼は、なんとも悪趣味な装飾品と思ったことか。虫好きのデル・トロはとても哀しく感じ、黄金虫に復讐させたかったわけではないだろうが、クロノスのフォルムを機械仕掛けの黄金虫のようなデザインにした。デル・トロにとって虫とは、独特な形態をした〝生ける怪物〟に近い存在なのかもしれない。

デル・トロが好むものは、映画によく取入れられる……老人と子供、孤独な怪物、虫、虐げられる存在、歯車と歯車が噛みあう機械仕掛けなど。一作にこれら全ての要素が入っているのではなく、内容に相応しい要素を巧みに織り交ぜ、ジャンル系映画愛を滲ませる。

だから他のスタッフが、デル・トロのオタク心を満足させるためには、並大抵ではない。『パシフィック・リム』より前は、デル・トロによる、ほぼ一班体制で撮影していた。コストが抑えられる反面、時間がかかるというデメリットもある。彼が唯一残念に思っているのが、一班体制で撮れなかった初のアメリカ進出作『ミミック』だ。彼は第二班スタッフが撮影したショットを観て愕然としたが、プロデューサーに押し切られてしまい、今も後悔し続けている。

デル・トロがそこまで一班体制にこだわるのは、自分の監督作品であることへの執着と自負……徹底したイメージを具現化したいがため、無意識的にオタク心を満足させたいがためだと感じる。前述の映画を撮るための熱い想い〝過去にない斬新な世界〜〟を実現させるため、より強い固執が生まれるわけだ。8㎜映画を撮っていた子供の頃に感じた、自分のための映画。まず基本がそこにあって、その延長線上に現在の劇場用映画がある。

『シェイプ・オブ・ウォーター』

そんなデル・トロの熱い想いが結実したと思えるのが、『シェイプ・オブ・ウォーター』である。デル・トロは少年時代に観た『大アマゾンの半魚人』が大変お気に入りで、白い水着がまぶしかったジュリー・アダムス扮するヒロインに、半魚人が好意を抱くものの決して結ばれることがなく、半魚人にとって哀しいことだと思っていた。その返答が『シェイプ・オブ・ウォーター』で、種を超えた愛を表現するため、半魚人と女性がミュージカル調のダンスを踊ったり、性交表現をも仄かに匂わせていた。人間の女性と怪物の愛を描くこと自体、ある意味、物語が破綻しそうなのに、それを臆面もなくやれてしまう。しかもそれらの描写が作品の世界観の中で見事に調和している……それこそがデル・トロが観たかった世界だった。すべて実現できたのは、彼の怪物への愛情があってこそ。

貪欲なオタク心を満足させようと、映画化したい企画が次々と生まれるが、逆に頓挫する企画も多い。その中でデル・トロ監督で筆者が絶対に観たかった企画が二本ある。ひとつは大友克洋の漫画「童夢」で、幾分デル・トロ・テイストになってしまうだろうが、老人と少女の対峙を彼が撮ったらと想像するだけでゾクゾクする。もう一本は、彼が愛する作家ラヴクラフトの小説「狂気の山脈にて」で、20年前から構想している念願の企画だが、未だ実現ならず(なんとか実現して欲しい)。原作にある抽象的で不明瞭な怪物たちの表現を、どのように具体化させるのか興味は尽きない。

更に素晴らしい才能を持った若手監督を発見すれば、作品を撮るのに協力を惜しまず、バックアップする。ひとえに彼がその若手監督の他の映画を観てみたいと思ったからだろう。

あのデル・トロのファニーな体躯は、多少の増減はあるだろうが、(『シェイプ・オブ・ウォーター』製作後は)体重が135kgもある。あの体型は、好きなものに対してとことんハマり、好きなことに対してとことん情熱を傾けるため、様々なものが体内に蓄積されるためだろうと勝手に解釈している(笑)。とにかく彼の物欲や知識欲は並外れていて、吸収すればするほど、彼のトトロ体型がどんどんふくよかになってゆくようだ。異常なオタク気質の証しか……でも〝オタク、オタク〟と安易に断定したくはない……もはや、オタクを超越したところにいる、研究者であり映像作家であり、アーティストなのだ。ギジェルモ・デル・トロは、オタクといっても〝オタクの怪物〟なのだ。

映画史のクローゼットのなかのクリーチャー

ギジェルモ・デル・トロの怪物たち

佐藤利明
Sato Toshiaki

ギジェルモ・デル・トロは、内戦後のスペインを舞台にしたシックでダークなファンタジー『パンズ・ラビリンス』で、映画ファンの記憶に残る映画作家となった。ここでギリシャ神話に登場する牧羊神パンを演じたダグ・ジョーンズは、アカデミー作品賞に輝いた『シェイプ・オブ・ウォーター』の〝不思議な生き物〟に至るデル・トロ作品でのクリーチャーや幽霊を演じ続けている。

東宝特撮映画の本多猪四郎作品における〝ゴジラの中の人〟中島春雄の役割を果たしているのがダグ・ジョーンズである。『パンズ・ラビリンス』のパンは、ヒロインの少女・オフィリア（イバナ・バケロ）を地下の迷宮で待ち受けて、様々な試練を与える。半人半獣の牧羊神・パンは、ギリシャ神話のそれというより、同じ羊の角を持つ悪魔のイメージだった。一九五〇年代から七〇年代にかけて、世界中の映画少年たちを夢中にさせたレイ・ハリー・ハウゼンのストップ・モーション・アニメ作品からスピンオフしてきたような造形だった。

デル・トロ作品に登場するクリーチャーたちは、どこか懐かしいデザインと風格がある。奇を衒うのではなく、オーソドックス。その作品がまとっている雰囲気にぴったりの「いつか見たような」怪物たちばかり。

何より驚いたのは『パシフィック・リム』だった。怪獣が跋扈する近未来、人類は最後の望みをかけて人型ロボット、イェーガーでその脅威に立ち向かう。怪獣対巨大ロボ。それがハリウッドのビッグバジェット作品で展開されるのだ。

その世界での呼称は「モンスター」ではなく「KAIJU」。「メカ対怪獣」という図式は、一九七〇年代の日本のテレビアニメや特撮番組で量産されていたスタイル。色彩にこだわるデル・トロは、ここでは「赤」と「青」を強調している。「LSD服用による幻覚経験に似た状態を再現したかったんだ」（『ギレルモ・デル・トロの怪物の館』所載インタビュー）。それは、目にも鮮やかだった70年代の『マジンガーZ』や『ゲッターロボ』などのテレビアニメの原色を多用した色彩とも取れる。

サンフランシスコに登場したアックスヘッドや、バンクーバーで暴れるカーロフ、香港に出現するレッコナーなどのKAIJUたちの容姿や特徴は、やはり一九七〇年代の第二期特撮ブームを巻き起こし、ブラウン管に登場した『帰ってきたウルトラマン』をはじめとする特撮番組の怪獣を思わせるデザイン。

頭部のとさかが斧のような形状のアックスヘッドは、ウルトラマンと闘いそうな佇まいである。ユニバーサルの怪奇俳優・ボリス・カーロフ由来のカーロフは、「フランケンシュタインの怪物」をイメージしている。東宝の『フランケンシュタイン対地底怪獣』（65年・本多猪四郎）や『フランケンシュタインの怪獣　サンダ対ガイラ』（66年・同）の怪獣たちのバリエーションでもある。

ことほど左様にKAIJUは、日本の怪獣の血を引いている。ヒロイン・森マコ（菊地凛子）が幼き日、日本を襲撃した「オニババ」（-）（新藤兼人監督『鬼婆』64年からか）に襲われて両親を亡くし、絶望の淵に立つ。その回想シーン、巨大なオープンセットに日本の街が設えられ、少女時代のマコ（芦田愛菜）が逃げまどう。ビルには「竹ノ塚ファイナンス」と大きな看板が掲げられている。

僕は子供の頃、足立区の竹ノ塚が最寄り駅で、駅前近くの玩具店で、怪獣のソフビを買ってもらうのが楽しみだった。『ゲゾラ・ガニメ・カメーバ　決戦！南海の大怪獣』（70年・本多猪四郎）のゲゾラのソフビを買ってもらった場所にKAIJUが出現している！マコの記憶と自分の記憶がドリフトしてしまったような既視感におそわれた。

デル・トロ作品のクリーチャーや雰囲気に共通しているのはいつか見たような「既視感」である。それは怪物のスタイルや、幽霊の出現する瞬間の描写や、舞台となった時代や場所のまとっているノスタルジックな雰囲気・・・と様々なのであるが、いずれも怪物や幽霊たちは「懐かしい佇まい」をしている。

オマージュと言うのは簡単だが、むしろその物語や世界にふさわしい怪物たちを、映画史というクローゼットの中から引っ張り出してきたような、「かつてそこにいた存在」であるかのような、「既視感」がある。

ギジェルモ・デル・トロは、一九六四年十月九日、メキシコ第二の都市であるハリス州グアダラハラに生まれた。幼い頃からテレビや映画館でクラシック映画に親しみ、特にユニバーサルの怪奇映画や日本の特撮映画、そしてテレビアニメをポップカルチャーとして楽しんできたオタク世代でもある。国籍や時代、ジャンルを越境することが特別なことではなく、常に自分の作品に「ふさわしいもの」のヴィジュアルを創造してきた。

現在、ロサンゼルス郊外にある邸宅「荒涼館」には、子供の頃から集めてきたフィギュアや本、創作の資料として蒐集を続けている絵画、模型、工芸品、映画のコンセプトアートからプロップなどの映画グッズなどを、テーマ別に集めた膨大なコレクションがある。

博覧強記で知られるデル・トロは、古典文学から日本の漫画まで、あらゆるジャンルの本を読み、八歳で8ミリ映画を製作。十代のときに『エクソシスト』(73年・ウィリアム・フリードキン)のメイクアップ・アーチスト、ディック・スミスに手紙を出して、のちに師事。特殊メイク・造形の会社を立ち上げた。

先達が作り上げた恐怖のイメージや怪物のスタイルは、若きデル・トロの創作の刺激となり、常に発想力の源。そのコレクションは展覧会「Guillermo del Toro：At Home with Monsters」(16年・ロサンゼルス・カウンティー美術館)で公開され、ハリウッドを訪れる世界の映画ファンに共有された。

また、本人がツイッターでそのコレクションを次々とアップロードしているが、水木しげるの「妖怪道五十三次」や、大映映画『妖怪百物語』(68年・安田公義)や『妖怪大戦争』(同・黒田義之)に登場した妖怪、ろくろ首、河童、ダイモンなどのフィギュアの姿も見られる。幼い頃から親しんできた『ウルトラマン』『ウルトラセブン』『鉄人28号』『マジンガーZ』『マグマ大使』への思いは、来日時のインタビューで嬉々として語っている。

大事なことは「日本オタク」と言うことではなく、その興味は二十世紀の映画に有形無形の影響を与えた文学や意匠、アート、カルチャーなど、多方面に及んでいるということである。

それが「見識」となり、作品を豊かにしている。マイク・ミニョーラのアメコミを、デル・トロ自身が映像化を希望した『ヘルボーイ』では、ダーク・ヒーロー〝レッド〟ことヘルボーイはデル・トロの要望によりコミックスとは異なるものに、ミニョーラ自身がリ・デザインしている。

人間でいえば三十代のヘルボーイ(ロン・パールマン)は、目立たぬようにするために悪魔の象徴である両角を削り、切り株状になっている。そして髪の毛は日本の相撲取りのように銀杏に結っている。ロン・パールマンの巨躯を活かし

『パンズ・ラビリンス』

た体型はアンコ型の相撲取りを思わせる。
デル・トロは、パルプマガジンで幻想小説を執筆していたハワード・フィリップス・ラヴクラフトの大ファンであり『ヘルボーイ』に限らず、ラヴクラフトが「宇宙的恐怖」と名付けたクトゥルフ神話の影響が色濃い。猫好きのラヴクラフトにあやかり、原作では猫嫌いのヘルボーイを猫好きにしたり、敵対する邪神のデザインもクトゥルフ神話にあやかっている。

また『パンズ・ラビリンス』でパンを演じたダグ・ジョーンズが扮したのが、青い半魚人〝ブルー〟ことエイブ・サピエン。半魚人といえば『大アマゾンの半魚人』（54年）に始まるユニバーサルの怪奇映画のスターだが、そのギルマンよりも知性的な容貌のエイブは、ヘルボーイの良き相棒として活躍。

第二作『ヘルボーイ／ゴールデン・アーミー』では、エイブが妖精のヌアラ王女（アンナ・ウォルトン）に恋をする。その切ないラブ・ストーリーは「もしも半魚人が恋をしたら」というデル・トロのクリーチャーへの暖かい眼差しにより、クライマックスの感動となった。ここで侍従と死の天使、エイブと三役を演じたダグ・ジョーンズは、ゴシック・ホラーの佳作『クリムゾン・ピーク』では、物語のキーとなる母親の幽霊を演じている。

『クリムゾン・ピーク』の幽霊は、祟りの象徴ではなく、トーマス・シャープ（トム・ヒドルストン）と姉・ルシール（ジェシカ・チャステイン）たちの秘密をヒロイン、イーディス・カッシング（ミア・ワシコウスカ）に伝えるために冥界からやってくる存在。

幽霊より人間の業の怖さを描いている。鬼面人を驚かすショッカーやスプラッタではなく、ジャック・クレイトンの『回転』（61年）やロバート・ワイズの『たたり』（63年）のような、ゴシック・ホラーを目指したというだけに、風格と品がある。

そして第九〇回アカデミー賞で、作品賞、監督賞、作曲賞、美術賞の四冠に輝いた『シェイプ・オブ・ウォーター』（17年）では、南米アマゾンの奥地で捕獲された〝不思議な生き物〟（ダグ・ジョーンズ）と、発話障害のヒロイン（サリー・ホーキンス）の切ない恋物語を展開。

それまでの〝オタク〟ファンから女性観客、シルバー層まで幅広い観客層にギジェルモ・デル・トロ作品の魅力が広がっていった。

もとは『大アマゾンの半魚人』の半魚人・ギ

ルマンとヒロインのジュリー・アダムスが結ばれていたら、という着想でシナリオを執筆。しかしユニバーサルが難色を示したため、『ヘルボーイ／ゴールデン・アーミー』でのエイブとヌアラ王女の恋を「人魚姫伝説」をベースにした切ないラブ・ストーリーに昇華させた。

一九六二年冷戦下のアメリカを舞台に、主人公たちの描き方に、デル・トロの「見識」がいたるところに活きている。サリーの良き理解者で、アル中で失職してしまったアートディレクターのジャイルズ（リチャード・ジェンキンス）は、現実に目を背けてテレビの深夜映画で放送されるミュージカル映画を好んでいる。

シャーリー・テンプルの『小連隊長』（35年）のビル〝ボージャングル〟ロビンソンのタップ・ダンス、ベティ・グレイブルの『コニーアイランド』（43年未公開）の「♪プリティ・ベビー」、アリス・フェイの『ハロー・フリスコ・ハロー』（43年未公開）の「♪ハロー・フリスコ」などのミュージカル・ナンバーが流れる。

敵役の軍人・ストリックランド（マイケル・シャノン）が緑のキャデラックを購入した場面から流れる、カルメン・ミランダの「♪チカチカ・ブン・チク」は『リオの夜』（41年、未公開）からのヒット曲。主要ナンバーがFOXミュージカル史にもなっているのだ。

『シェイプ・オブ・ウォーター』

サリーが〝不思議な生き物〟に初めて音楽を聞かせるレコードは、やはりFOX映画『銀嶺セレナーデ』（41年）でグレン・ミラー楽団が演奏した「♪アイ・ノウ・ホワイ」である。

怪奇映画とミュージカル。ファンにとっては夢のような世界で、サリーが声を発して、主題歌ともいうべき「♪ユー・ネバー・ノウ」を歌う場面では、なんと〝不思議な生き物〟とサリーがモノクロ画面のミュージカル映画の中に入り込んで、華麗なダンスを踊る！　それがフレッド・アステアとジンジャー・ロジャースのRKO映画『艦隊を追って』（35年）のダンスシークェンスのセットを再現しているのだ！

これもデル・トロ作品のクリーチャーたち同様、映画史のクローゼットの中からビデオやレコードを引っ張り出してきた「作品にふさわしいもの」なのである。

日本の怪獣映画から、ラヴクラフト、そしてハリウッド・ミュージカル・・・デル・トロの創造物＝クリーチャーは、国境も時代も関係なく、そうした映画史への限りない愛に支えられているのである。

Filmmakers 19 **Guillermo del Toro**

フィルムメーカーズ事典
――キーワードと人名で探る

映画事典
深泰 勉

ギジェルモ・デル・トロ映画事典

作成＝深泰勉

［あ］

アーサー・ラッカム
Arthur Rackham

十九世紀末から二十世紀初頭に活躍した挿絵画家。水彩で描かれる抑えた色調と独特のペンタッチで人気の高いイギリス挿絵本黄金時代の代表作家。

デル・トロの作品では、例えば『パンズ・ラビリンス』では、初期デザインの意識合わせにラッカムの絵本が使われ、また主人公オフィリアの衣装はラッカム描く「不思議の国のアリス」の服をイメージしてデザインされている。『クリムゾン・ピーク』ではイーディスの家のデザインイメージの説明にラッカムと、彼の同時代の代表的な挿絵画家エドマンド・デュラックやカイ・ニールセンの名前をあげるなど、ラッカムを中心にしたヴィクトリア朝時代のアートがデル・トロ流フエアリー・テイルデザインのイメージの重要な一要素となっている。

アルフォンソ・キュアロン
Alfonso Cuarón Orozco

一九六一年十一月二十八日メキシコシティー生まれの映画監督。『ROMA／ローマ』『ゼロ・グラビティ』でアカデミー監督賞を二度にわたって受賞するなど、アカデミー賞常連のメキシコ出身監督であり、デル・トロの最も親しい仲間の一人。

彼とギジェルモ・デル・トロ、アレハンドロ・ゴンサレス・イニャリトゥのメキシコ出身映画監督三人は「スリーアミーゴス・オブ・シネマ」と呼ばれ、二〇〇七年には三人が共同取締役の映画制作会社チャチャチャ・フィルムズを起こすなど関係は深い。彼らのそもそもの出会いは、メキシコで放送された『トワイライトゾーン』的なホラーアンソロジーのTVシリーズ『Hora Marcada』で、デル・トロとキュアロン（さらには撮影監督のエマニュエル・ルベツキ、ギジェルモ・ナバロ、プロデューサーのベルタ・ナバロらまで）が顔をあわせた事に始まる。二人の出会いのきっかけは、キュアロンがスティーヴン・キングにインスパイアされた物語を作ったところ、デル・トロがそれを看破した上で細かくダメ出しした事から始まる。しかし映画マニアで悪口の天才デル・トロによるダメ出し解説があまりに的確だったため、すぐ友人になったらしい。

その後デル・トロは『ハリー・ポッターとアズカバンの囚人』の監督オファーに気のないコメントを寄せたキュアロンを一喝して原作を読ませ、オファーを受けるきっかけを作って彼のハリウッド進出を後押しし、キュアロンは資金集めに窮する『パンズ・ラビリンス』のプロデューサーの一人に名を連ね援助するなど、お互いに支え合う関係でもある。（デル・トロ自身は『ヘルボーイ』の企画とかぶって『ハリー・ポッターとアズカバンの囚人』のオファーを辞退しているが、後に最終作の監督を希望するコメントを出すなどハリー・ポッターには一家言ある模様）

アルフレッド・テニスン
Alfred, Lord Tennyson

ヴィクトリア朝の桂冠詩人。デル・トロは、自作で二度にわたり、一八五〇年三月に親友の死を悼んで作られたテニスンの長詩「イン・メモリアム」の一節を引用している。理不尽な親友の死に打ちのめされていた時期に、荒れ果てたるこの世の無常を嘆きながらも、篤い信仰に支えられた神への愛に至るテニスンの代表作だが、『デビルズ・バックボーン』では老教師カサレスが瀕死のカルメンに愛を告げるシーンに使われ（実はカサレス役のルッピがこの詩の使用を提案した）、『ヘルボーイ／ゴールデン・アーミー』では悲恋に終わるエイヴとヌアラ王女の交歓のきっかけに使われる。どちらも愛するものが去りゆく悲しみをこの詩に重ねているのは言うまでもない。

アルフレッド・ヒッチコック
Alfred Hitchcock

デル・トロ作品でヒッチコックへのオマージュが顕著に見られるのは『クリムゾン・ピーク』。第一幕で描かれる二十世紀初頭の最先端の街バッファローの街を描くカメラワークや、物語の全体構成として嫁いだ先の館を支配する見えない何かを巡る構成という点で、『レベッカ』を強く意識していることは明らか。またヒッチコック作品の音楽を多く担当したバーナード・ハーマンを意識した曲を希望し、コメンタリーでも自らをハーマン・フェチと言い切るなど、ヒッチコック作品に対する愛情は深い事が伺える。

学生時代のデル・トロは『クロノス』で監督する二年前にグアダラハラ大学からノンフィクションの映画研究書「アルフレッド・ヒッチコック」を出版するほど入れ込んでいたようだ。彼の私邸「荒涼館」には、当然のようにヒッチコックのライフマスクを中心にヒッチコック関連のコレクションコーナーが作られている。

アレクサンドル・デスプラ
Alexandre Desplat

一九六一年八月二十三日生まれ、パリ出身の作曲家だが、驚くのは二十一世紀に入ってからのその多作ぶり。最大で年間十作に及ぶ様々なジャンルの映画に、その主題に合わせて作品のイメージを確立するような楽曲を提供し続けている。しかも担当する作品の幅があまりに広く、ここ数年でも『毛皮のヴィーナス』、『GODZILLA ゴジラ』、『イミテーション・ゲーム／エニグマと天才数学者の秘密』、3DCG映画の『ペット』他、メロドラマからSF、子供向けアニメからアート系作品までこなし、二〇一四年の『グランド・ブダペスト・ホテル』と一八年の『シェイプ・オブ・ウォーター』で、アカデミー作曲賞を二度にわたり受賞している。（ノミネートは二〇〇七年の『クィーン』以来、二〇一九年までで通算十回に及ぶ）

『シェイプ・オブ・ウォーター』では南米から来る怪物のイメ

ージを、フランスのアコーディオン奏者ミレアム・ラファルグが奏でるバンドネオンを基調にしたタンゴ調のメインテーマで、センチメンタルに表現している。デル・トロとの仕事は実は二度目で、その付き合いはデル・トロが製作総指揮を担当した3DCGアニメ『ガーディアンズ 伝説の勇者たち』から始まっており、既に信頼関係ができていた上での依頼だったことが伺える。

アレハンドロ・ゴンサレス・イニャリトゥ

Alejandro González Iñárritu

一九六三年八月十五日メキシコシティ生まれの映画監督で、スリー・アミーゴス・オブ・シネマの一角。彼のキャリアはメキシコでDJの仕事をしていた事から始まり、CM制作を経て映画監督になった変わり種。メキシコ時代は大島渚『戦場のメリークリスマス』に影響を受けており、後に『レヴェナント：蘇えりし者』での坂本龍一起用にも繋がっている。

映画を作り始めた動機は、これまでのメキシコにない映画を自らプロデュースして作る事だったが、今では第八七回アカデミー賞の『バードマン あるいは(無知がもたらす予期せぬ奇跡)』、第八八回の『レヴェナント：蘇えりし者』で続けて監督賞を受賞するなど、メキシコを通り越してハリウッドを代表する監督となっている。

キュアロンやデル・トロとの交流は、デビュー長編『アモーレス・ペロス』(2000)のラッシュを見たキュアロンが、公開には三時間は長過ぎると意見し、カットできないイニャリトゥのために、デル・トロをメキシコに呼び戻した事に始まる。三人は三日間編集室に泊まり込んで二十分をカットすることに成功して現在の形となった事が、WOWOW放送のドキュメント『WHY MEXICO?』の中でLAタイムスの記者ロレイン・アリと編集を担当したルイス・カルバジャールの談話で語られている。

アンディ・ムスキエ

Andy Muschietti ／ Andrés Muschietti

アルゼンチンのビセンテ・ロペス出身の映画監督。二〇〇八年に短編ホラー『MAMA』を監督したところ、それを気に入ったデル・トロが製作総指揮となって長編化した映画『MAMA』(13)でハリウッドデビューしたシンデレラ・ボーイ(といってもその時、既に四十歳だが)。

その後、ニューライン・シネマからスティーヴン・キングの傑作の映画化企画『IT イット〝それ〟が見えたら、終わり。』(17)に呼ばれ全米で大ヒットさせて、その才能が単にデル・トロの趣味に合っただけではなかった事を証明している。最初の短編『MAMA』には、閉ざされた家、少女、状況が見えない中で不条理な動き方をする幽霊といったいかにもデル・トロの好みそうな要素とともに、『IT イット〝それ〟が見えたら、終わり。』の随所に見られる嫌悪感にも繋がるトリッキーな演出が既に見られるのだ。

イェーガー

Jaeger

『パシフィック・リム』に登場する全高80mに及ぶ巨大ロボット。もちろん日本の巨大ロボットアニメのオマージュなのだが、『マジンガーZ』がメキシコの放送局 Televisa の Canal5(5チャンネル)で正式に放送されたのは、日本で放送が始まってから十二年遅れの一九八四～八六年。すぐにメキシコでも大ブームとなるのだが、その頃デル・トロはもう二十歳で、グアダハラ大学で本格的に映画を学んでいた時期となる。二〇一七年の「アヌシー国際アニメーション映画祭」のイベントゲストとして永井豪に初対面した際には、「子供の頃にすごい影響を受けた。マジンガーZとの出会いは、子供の頃クリスマスプレゼントで貰ったロボットだった」と語っており、玩具が先でアニメ映像との出会いは遅かった可能性がある。それでもメキシコ本放送をワクワクしながら見ていた可能性は高いのだが。

ロボットの動きについては、ジェームズ・キャメロンに教えられた押井守監督の『機動警察パトレイバー』を、実在する機械のようにイェーガーを描く事など、自作の教科書の一つにしている事を何度か語っている。実際のCG制作は、ILMでVFXスーパーバイザーを務めるジョン・ノール率いるチームが担当しており、メイキング映像を見れば、CG的リアリズムよりも見栄の切り方も含め日本のアニメ表現へのリスペクトを意識してデル・トロが細かい注文を出しており、それに個々のCG担当がこまめに対応してイェーガーの動きをデザインしていたことがわかる。

ヴィクトリア朝時代

Victorian Age

ギジェルモ・デル・トロのデザインコンセプトを形作るミューズの一つが、十九世紀後半から二十世紀初頭のイギリス文化、特に怪奇小説や幻想美術からの強い影響だ。

ヴィクトリア朝時代はヴィクトリア女王がイギリスを統治していた一八三七年から一九〇一年周辺を指し、イギリス帝国全盛期でもあるのだが、デル・トロが好むのはそこで花開いた様々な文化芸術。例えばラファエル前派の神話的モチーフを描く絵画であり、三文怪奇小説誌ペニー・ドレッドフルに連載されたゴシック小説の末裔「吸血鬼ヴァーニー」であり、不思議の国のアリスやアイリッシュルネッサンスが送り出した妖精譚とケルト文様であり、貧民街とジャック・ザ・リッパーであり、ウィリアム・モリスのアーツ&クラフト運動であり、カーミラやドラキュラといった吸血鬼文学であり、ラッカムらの挿絵画家黄金時代であった。それをリンクするのが隠秘学結社ゴールデン・ドーン(黄金の夜明け団)に始まる現代神秘学であり、と考えると、その指向はメキシコの荒俣宏といった風情さえある。

デル・トロ自身のオーディオコメンタリーを聞けば、どの映画でも上記の要素の名前がリスペクトを持って何度もあげられていることがわかるが、それは知識やオマージュにとどまらず、自身の解釈の上でシーン毎の意味をデザインに込めるデル・トロ流の映像理論であり、そのバックグラウンドのヴィクトリアンやゴシックといった時代を知って映画を再見するとまた印象が変わってくる。

但し、同じヴィクトリア朝文化でも、デル・トロの魂の中心を捉えるのは、シャーロック・ホームズのようなヒーローではなく、怪物と異界の美の側に重きを置かれることは意識しておきたい。

それにしても、『クリムゾン・ピーク』の制作時には、セット装飾担当のシェーン・ヴュー（『シェイプ・オブ・ウォーター』でアカデミー美術賞を受賞）に、壁紙はウィリアム・モリス風のものをと注文するだけならまだしも、装飾壁紙メーカーのBradbury & Bradbury まで指定する拘りには驚かされる。

ウルトラマン
Ultraman

円谷プロダクションが制作、TBSで放送された空想特撮シリーズ『ウルトラQ』に続く第二弾が『ウルトラマン』。日本でも怪獣ブームを巻き起こし、今も新作が作られ続ける人気ヒーロー番組だ。

『パシフィック・リム』公開時にしきりに子供の頃からの怪獣オタクとしてデル・トロが宣伝に使われたが、実際に七〇年代のメキシコは日本製の特撮やアニメが数多く放送されていた。一九七三年にメキシコのTV局二社合併で今やスペイン語圏最大のテレビ局となったTelevisaが誕生。その子供向け番組専門チャンネルCanal5（5チャンネル）の開局直後から『ウルトラマン』をはじめ『ウルトラセブン』、『コメットさん』、『マグマ大使』などの特撮番組が放送され人気となっていた。もちろんアメリカの『スーパーマン』や『バットマン』、ディズニーアニメも同時期に放送されているし、日本のアニメでは『鉄人28号』や『エイトマン』、『海のトリトン』なども放送されている。しかし幼いデル・トロの心に最も強いインパクトを与えたのは『ウルトラマン』、それもヒーローよりも成田亨と高山良策の手による「怪獣」であった。もちろん、怪奇要素を多分に抱える『鉄人28号』も好みではあったはずだし、インタビューでは『コメットさん』や『マグマ大使』もお気に入りとして言及しているのだが。

この放送以前に、既に『猿の惑星』や『エクソシスト』に出会い、父親のスーパー8カメラで遊んでいた少年時代のデル・トロにとって、シュルレアリスム影響下のアーティストでもあった成田亨の洗練された怪獣デザインは、どれほどの衝撃だったことだろうか。確実に彼のモンスター論形成に影響を与えているはず。

エウヘニオ・カバイェーロ
Eugenio Caballero

一九七二年生まれのメキシコシティー出身のデザイナー。『パンズ・ラビリンス』のプロダクションデザインを担当し、セットデコレーションのピラール・レベルタとともにアカデミー美術賞を受賞し、その後も『ルド and クルシ』やJ・A・バヨナの『インポッシブル』『怪物はささやく』、そしてキュアロンの『ROMA／ローマ』でもプロダクションデザインを担当している。

エマニュエル・ルベツキ
Emmanuel Lubezki

一九六四年十一月三十日生まれでメキシコシティ出身の撮影監督。アルフォンソ・キュアロン監督作品の多くに撮影監督として参加し、二〇一三年の『ゼロ・グラビティ』からは三年連続でアカデミー撮影賞を受賞するキュアロンやイニャリトゥにとって頼れるフォトグラファーである。

キュアロン監督がCUEC（メキシコ自治大学大学映画研究センター）で映画を学んでいた時期に出会った後輩にあたり、彼の初期短編『Vengeance Is Mine』（83）から撮影に参加。キュアロン作品の長回しとリアリズム溢れる構図を支えるのがルベツキの撮影技術と言えるが、その腕はキュアロン作品だけでなく、イニャリトゥ監督のアカデミー監督賞受賞作で、ルベツキの撮影賞受賞作『バードマン あるいは（無知がもたらす予期せぬ奇跡）』、『レヴェナント：蘇えりし者』の二作品でも遺憾なく発揮されている。

初期作品の『リトル・プリンセス』（95）やティム・バートン監督の『スリーピー・ホロウ』（99）でいち早くアカデミー撮影賞にノミネートされており、スリーアミーゴス周辺でもっとも早くからハリウッドで認められていた才能かもしれない。なお、デル・トロとはキュアロンと同じくTVの『Hora Marcada』で出会って以来の友人となる。

エル・サント
El Santo

メキシコの国技ルチャ・リブレの銀色マスクの伝説的プロレスラー（メキシコではルチャドールと呼ぶ）で、同時にスクリーンの英雄でもあった。一九三四年に十七歳でリングデビューした後、六一年に映画デビューしてから八二年の引退まで、実に五十二本の怪奇アクション映画に出演し、ギャングやスパイから、フランケンシュタイン博士、女吸血鬼に狼男、アステカのミイラ、はては火星人さえも、街を守るヒーローとして退治しつづけた。ちなみにサントの意味は「聖人」であり、熱心なカトリック国のメキシコにふさわしいリングネームであったことも彼の人気の理由と思われる。

デル・トロが怪奇映画を見始めた子供の頃は、まさにサント映画の全盛期で、実際にルチャのリングを家族で見に行く事も含めて、彼のヒーローの原点がサントだった可能性は高い。だって映画の中のサントは、試合がない時は秘密基地に陣取り、バットマンの如く警察からの依頼を受けて悪人や怪人、怪物退治に出動する、まさに正義の等身大ヒーローとして描かれるのだから。

さすがにハリウッド映画のモチーフとしてサントが使われる機会は少ないが、ドラマ化した『ストレイン／沈黙のエクリプス』第二シーズンで、銀仮面を被ったルチャドールのシルバーエンジェルを登場させ、自身も覆面レスラーの一人を演じていたり、サントをモデルにしたメキシコ製お下劣ギャグ・カートゥーン「El Santos」の劇場版『El Santos vs la Tetona Mendoza』にも声優として出演していたりする。

大人のためのおとぎ話
Fairytale for the adult

「シェイプ・オブ・ウォーター」は、まさしくおとぎ話の「美女と野獣」を下敷きにしているのだが、この作品に限らず自らのデザインコンセプトを語る時、デル・トロはファンタジーではなく、フェアリーテイル＝おとぎ話、という言葉をよく使う。

実際のフェアリーテイルは、主にヨーロッパで口承伝承され、子供が親や祖父母に聞かされる妖精やトロール、ゴブリンが出てくる物語が記録されて文学の一ジャンルになり、現代ファンタジーの源泉になったもの。子供の頃の自分に影響を与えた様々な要素を、現実的ではないが印象深く残る形で潜り込ませたシーンについてコメントする際に、この説明を意識して使っている。いわば寝物語の妖精譚ならぬ怪物譚というところだ。

そもそもデル・トロ監督の映画は、彼が子供の頃に語られた「フェアリーテイルとしてのモンスターの物語」を、ちょっとビターに、ちょっとセクシーな要素を加えて自分流の物語に仕立てて語り続けているわけで、彼の作る物語の全てが「大人のためのおとぎ話」なのだ、とも言える。

Hora Marcada （運命の時間）
Hora Marcada

一九八八〜九〇年にTV放送されたメキシコ版『トワイライト・ゾーン』といった風情のホラー・アンソロジー番組が『Hora Marcada』。低予算のTVプログラムだが、この番組に集った若き映画人がアルフォンソ・キュアロン、エマニュエル・ルベツキ、ギジェルモ・ナバロ、その姉でプロデューサーのベルタ・ナバロ、ギジェルモ・デル・トロたちで彼らの出会いの場でもあり、スリー・アミーゴスの物語が始まるきっかけにもなった。デル・トロが監督・脚本・特殊メイクアップアーティストとして初めて商業プログラムに参加した記念碑的番組でもある。

【か】

傘
umbrella

登場人物の、特にセンチメンタルな微妙な感情を表現する際に、しばしば使われる演出アイテムが傘と雨。水自体を様々なヴァリエーションをつけて演出モチーフにしている『シェイプ・オブ・ウォーター』は全編がその演出ヴァリエーションとなっているのは言うに及ばず、『パシフィック・リム』におけるマコとクリスの出会いのシーンや、『クリムゾン・ピーク』の埋葬シーン、『ヘルボーイ』冒頭のラスプーチン登場シーンなど様々な作品で活用されている。『ミミック』の雨の中で佇むロングコートの男＝ユダの末裔の不安な佇まいも傘のヴァリエーションと言えるかもしれない。

彼の作品には、青の彩色、検死場面、昆虫、クトゥルー神話モチーフの触手、歯車と時計仕掛けの機械など、頻繁に使われるモチーフは他にも色々あるが、エモーショナルな演出に関しては、自身が傘を万能の演出小道具と称するくらいに好んで使っている。

KAIJU
怪獣

『パシフィック・リム』に出てくる巨大モンスターの総称は、日本の表記に従ってKAIJU＝怪獣と呼称される。怪獣の登場は本多猪四郎監督と円谷英二特技監督が、終戦からわずか九年、サンフランシスコ講和条約締結で再独立を果たしたばかりの昭和二十九年に公開した『ゴジラ』(54)に遡る。怪獣に様々な社会的メタファを込めつつ、ドキュメント的なリアリズムも持つこの作品へのデル・トロのリスペクトはもちろん高い。それに加えて、デル・トロはゴジラ企画のきっかけとなったレイ・ハリーハウゼンのストップモーション・アニメーション(いわゆるダイナメーション)を使った恐竜モンスター映画『原子怪獣現わる』(53)も含めて、巨大な異形の怪物が大都市を襲う映画の復活として『パシフィック・リム』を位置づけているのだろう。それは作品の最後に、「モンスター・マスターレイ・ハリーハウゼンと本多猪四郎に捧ぐ」と、自分にモンスターのイマジネーションを与えてくれた数多くのクリエイターからこの二人の名前を並列していることにも現れている。

もちろん、初期ウルトラシリーズに登場した怪獣の名前をあらかた覚えているのも、コメンタリーでゴジラがデザインされた経緯を第五福竜丸事件から細かく説明してしまうのも、全てデル・トロ監督の愛情にほかならない。

回転
The Innocents

『クリムゾン・ピーク』の演出の教科書の一つが、ヘンリー・ジェイムズの小説「ねじの回転」を原作にしたジャック・クレイトン監督の『回転』(61)。幽霊館を舞台にした映画の古典であり、上品で逆光と影を美しく切り取るフレディ・フランシス撮影監督のカメラに、ウィリアム・アーチボルトにトルーマン・カポーティという名手二人による脚本が、物語に徐々に不安をかきたてるような伏線を重ね、後半はひたすらに不安で怖い。デル・トロに限らず、怪談演出の古典にして教科書とも言えるが、『クリムゾン・ピーク』を見れば、調度や装飾、館の廊下をとらえる奥行きある構図など、映像面でも影響を感じられるシーンには事欠かない。この他にロバート・ワイズの『たたり』、スタンリー・キューブリックの『シャイニング』など先行の館物ホラーの名作を意識して制作している。

菊地凛子
Rinko Kikuchi

一九八一年秦野市出身の国際派女優。ラフォーレ原宿でスカウトされて芸能界入りし、十八歳で本名の「菊地百合子」で新藤兼人監督の映画『生きたい』で映画デビューし、後に菊地凛子に改名している。

スリーアミーゴスとの出会いは、二〇〇六年にイニャリトゥ監督の『バベル』に疎外感に翻弄される聾唖者の女子高生・綿谷千恵子役を演じた事で、日常の中で切迫感と疎外感に溢れる演技を評価され、アカデミー助演女優賞などにノミネートされたところから始まる。

押井守監督のアニメーション作品『スカイ・クロラ』草薙水素役を経て、『パシフィック・リム』の森マコ役に至る。『バベル』の千恵子役ではピンクのメッシュ、マコ役では青のメッシュのショートボブと、二作には演出上で意図して関連を持たせているようで、『バベル』での少女の不安定さを、過去の恐怖の記憶に揺れるマコの演出に重ねたようにも見えるのだが、その上で不安定を抱えつつも成長するマコを見事に演じた。

事務所に頼り切らず自分でオーディションを受けて新たな仕事を切り開いているそうで、自分の表現を追い続ける姿勢は、まさに俳優でありチャレンジャーである。

ギジェルモ・ナバロ
Guillermo Navarro

一九五五年メキシコシティ生まれとデル・トロ監督よりかなり年上だが、『クロノス』(93)で撮影監督を担当して以来、『デビルズ・バックボーン』『ヘルボーイ』とデル・トロの転機になる作品で撮影監督を務め、『パンズ・ラビリンス』でアカデミー撮影賞を受賞するに至る。デル・トロ作品以外にも、ロバート・ロドリゲスの『デスペラード』、『スパイキッズ』、『フロム・ダスク・ティル・ドーン』、クエンティン・タランティーノの『ジャッキー・ブラウン』といったアクション映画や『ザスーラ』、『ナイトミュージアム』、『スチュアート・リトル』などのファミリー向け作品を中心にその腕を振るう一方、アート系作品も手がける映画職人。

狂気の山脈にて
At the Mountains of Madness

クトゥルー神話の創造主ハワード・フィリップス・ラブクラフトが一九三一年に発表した代表作の一つで、南極大陸地下に広がる「古き者ども」の遺跡を発見したミスカトニック大学調査団が出会う異形の恐怖を描く。いわば恐怖の地球史とも言える怪奇小説だ。

デル・トロがもっとも熱望する作品でありながら、二〇〇四年の企画開始から未だ実現しないまま継続中。主な経緯は以下の通り。

・〇四年『ヘルボーイ』後にドリームワークスでプロジェクト開始
・〇六年最初の脚本を書き上げるが、ワーナーのOKは出ず
・〇八年コンセプト・ティーザー(予告編)を公開
・一〇年キャメロン製作でユニバーサル・ピクチャーズとコンタクト。次回作をこれに絞り『ホビット』の監督を降板
・一一年トム・クルーズ主演、特殊効果ＩＬＭの３Ｄ映画として交渉するが、製作条件のＲ指定と一億五〇〇〇万ドルのバジェットにユニバーサルピクチャーズは首を縦に振らず、再び検討中となる。

吸血鬼
Vampire

デビュー作『クロノス』から追いかけ続けるゴシックホラーのフェイヴァリットモチーフの一つ。『ブレイド2』では、口が縦に裂けるリーパーズを自らデザインして続編のストーリーに組み込んでいるが、この設定は初の長編小説『ザ・ストレイン』(後にTV化)にも使用されている。ブラム・ストーカーの『吸血鬼ドラキュラ』のデメテル号のロンドン・ホイットビー侵入をニューヨーク・JFK国際空港に重ね合わせ、ドラキュラをルーマニアの吸血鬼ストリゴイのマスターに置き換えた上で、自身の吸血鬼映画や文学に関する知識を大量投入。現代を舞台にしたドラキュラの再話かと思わせておいて、吸血鬼によるアメリカ侵略ＳＦにすり替えるストーリー展開は彼ならでは。現状のデル・トロによる吸血鬼物語の集大成となっている。

グアダラハラ市
Guadalajara

デル・トロが生まれ育ったのはスペイン植民地時代の建築を残す古都で通称「西部の真珠」、メキシコで二番目の大都市でもある。

一九六四年十月九日に中古車販売業のフェデリコ・デル・トロ・トレスの息子としてこの街に生まれた彼は、厳格なカソリックの家庭でありながら物心がついた頃からホラー作品を愛好し、八歳で父のスーパー8カメラで『猿の惑星』の人形で映画を作った事から、彼の映画人生は始まっている。九歳頃に日本の特撮、アニメやディック・スミスの特殊メイクに出会い傾倒。ミッション系工科大学ＩＴＥＳＯ高等部で人生初めての師であり映画仲間となる美術の先生ダニエル・バレラ(彼は後にグアダラハラに視聴覚芸術センターＣＡＡＶを設立する)と出会い、スーパー8のカメラを借りて課題に自主製作ホラー『Pesadilla(悪夢)1』を作ったのがはじめての映画制作(トイレから手が這い出してくる特撮シーンを作ったらしい)。

グアダラハラ大学時代はハイメ・ウンベルト・エルモシヨ監督に映画製作や脚本を学ぶ傍ら、八五年に制作会社Necropiaを作って映画の仕事に関わり始め、八六年にグアダラハラ国際映画祭を立ち上げて、映画祭用に短編映画数作を監督。卒業後の八八～九〇年には初めての商業作品となる地元ＴＶ局のホラーアンソロジー『Hora Marcada(運命の時間)』に監督・脚本・特殊メイクとして関わるが、そこで出会った人々が、ハリウッドへの足がかりとなる『クロノス』の実現に彼を導いていくことになる。この街で出会ったモノたちがデル・トロ監督作全ての底流に流れているのだ。

ケルト文様
Celt Design

『パンズ・ラビリンス』に限らず、デル・トロ監督が妖精や異世界を描く際、その背景や小物、建造物や調度品のレリ

ーフなどのデザインでしばしば見られる渦巻文様は、ケルトの遺跡や写本で見られる文様を基調にしたもの。スパイラル模様やトリケトラと呼ばれる三つ葉文様、サーキュラーノットと呼ばれる組紐模様、古代遺跡に見られる三つ葉のクローバー模様のトリスケルなどが代表的な図柄となる。もちろんこの他にもアステカやメソポタミア、ヒンドゥーなどのレリーフも組み合わせた一種の世界宗教混淆物としてデザインされているので、ケルトをなぞるだけではないが主要なモチーフであることに変わりない。

荒涼館
Bleak House

デル・トロのコレクション用別邸。名前はもちろん一八五二〜五三年にチャールズ・ディケンズが刊行した小説「荒涼館」からで、デル・トロのお気に入りの時代、ヴィクトリア朝の腐敗や偽善、倒錯を複雑な入れ子構造で描いている。最初にこの屋敷を作った二〇〇八年は『狂気の山脈にて』の企画に移り始める頃で、ある意味彼の混迷期にあたる。ロス郊外の隣接する二軒に、過去のホラー映画や自作の大小のプロップ、ホルマリン漬けの標本、一万冊以上の書籍、大量のフィギュアや子供の頃から集めていた玩具、大量のBD、DVD、ベータ、VHSなどがコーナー毎に整理され、エントランスでは巨大なフランケンシュタインの怪物の頭が出迎えるといった風情。彼の創作のための部屋でもあり、ここで過ごすのが彼の最良の時間(子どもたちには不評だが)となっている。

二〇一六年にはギジェルモ・デル・トロ個人コレクションの展覧会「Guillermo del Toro: At Home with Monsters」が、ロサンゼルス・カウンティ美術館から各地を巡回している。荒涼館から五百点に及ぶ収蔵品が展示されており、その公式ガイドは日本でも「ギレルモ・デル・トロの怪物の館 映画・創作ノート・コレクションの内なる世界」として出版されている。その内容は、ホラー映画にとどまらず、幻想要素に関連する芸術・文学にも及ぶ広範な内容。先に出版された「ギレルモ・デル・トロ 創作ノート 驚異の部屋」とともにファン必携必読。

ゴシック
Gothic

ホレス・ウォルポールの「オトラント城奇譚」に始まる文学、及びその影響下に作られ続ける絵画や映画を指す言葉がゴシック・ロマンス。謎めいた建物や場所、静謐の中に隠された謎と宝物、無垢な主人公のロマンスと愛、法悦といった不変の要素を含む。ゴシック・ホラーという言い方になると、超自然による怪奇を描く物語になるとともに、十八世紀末のゴシック文学に影響を受けた様々な怪奇小説までを含むイメージになり、現代のゴシック色の強い怪奇小説までを含むニュアンスの違いが出てくる。

デル・トロにとってのゴシックには、「恐怖への好奇心、ネガティブな物や不快な物に対する否定からの開放」にあり、それは寛容や愛を学ぶことにほかならない、という思いがある。

もう一つ、ゴシックという言葉の元になった中世ヨーロッパの荘厳な教会建築もデル・トロのデザインで多用される。『クリムゾン・ピーク』の屋敷〝アラデール・ホール〟は言うに及ばず、広大な閉塞空間にはゴシック建築の内陣のイメージを反映させており、『パシフィック・リム』では鼻骨内部構造を教会内陣のリヴ・ヴォールト構造に見たてた怪獣の頭骨製教会までデザインしている。一番特徴的な例としては、『デビルズ・バックボーン』の爆弾はオトラント城の巨大な兜と同様に、その物語全体を象徴するモニュメントとしてデザインされている。実はスペイン市民戦争の時代には、あんな巨大な投下型爆弾は存在しないのをわかりながら、象徴としてあの形を選んでいるのだ。

【さ】

サリー・ホーキンズ
Sally Hawkins

『シェイプ・オブ・ウォーター』のイライザを演じたサリー・ホーキンズは一九七六年イギリス出身で王立演劇学校出身の女優。これまでにもマイク・リー監督・脚本の『ハッピー・ゴー・ラッキー』のとっぽずれた女ポピー・クロスを演じて、ゴールデングローブ賞主演女優賞やベルリン国際映画祭銀熊賞を受賞するなど、コメディエンヌとして抜群の演技力が評価されている。

イライザ役も突然のミュージカルシーンなど演技力の幅が求められる事に加えて、特殊メイクのモンスターを恋人に時に切なく美しく演じて全米映画批評家協会賞主演女優賞を受賞している。

ジョン・ノール
John Knoll

USC映画学科卒のILMのトップCGエンジニア。『パイレーツ・オブ・カリビアン／デッドマンズ・チェスト』でアカデミー視覚効果賞を受賞しているだけでなく、『アビス』の液体生物を生み出したのも、当時の技術では手間がかかりすぎて不可能なはずの『スター・ウォーズ旧三部作特別篇』のキャラクター差し替えをやってのけたのも、『新スタートレック』のワープシーンを一人で作ったのも、驚異のCG職人ノールの仕事。最近では、『ローグ・ワン』の基本設定を考えたのも彼。さらには、趣味で兄のトーマス・ノールとAdobe Photoshopを共同開発してしまった事でも知られるまさにスーパーエンジニア。入社時はストップモーション撮影を行うアニメーションカメラのオペレータだったはずなのに、趣味のPCがいつの間にか本業になってしまったのも驚き。

デル・トロとは『パシフィック・リム』で組み、イェーガーとKAIJUのCG全般を担当し、ILMのレベルの高さを見せた。デル・トロ自身が絵を描きデザインもするため、過去の映画やアート、生物学などの様々な知識を混ぜ込んで細かく指定を出してくるのだが、ノールのチームはその注文にプラスアルファをつけてかっちり答えを出してくるクリエイティビティを持っている。

ジェームズ・キャメロン
James Cameron

デル・トロにとっては十歳年上の偉大な先人である以上の存在。ロジャー・コーマンのニューワールド・ピクチャーズの低予算映画の現場で鍛えられ、『殺人魚フライングキラー』(81)で監督デビュー。『ターミネーター』(84)のヒットから、『エイリアン2』(86)を経て、『ターミネーター2』(91)が大ヒット。その後も『タイタニック』(97)で映画世界興行収入記録を塗り替えるという大記録を作った後も、『アバター』(09)でその記録を再度更新するなど、まさにハリウッドを代表するヒットメイカーである。

彼らの出会いは、ロン・パールマン主催のバーベキューパーティー。デル・トロは『クロノス』の完成直後の字幕を入れる予算がなく金策に走っていた頃で、見せてほしいと言ったキャメロンは隣に座ったギジェルモ・ナバロの逐次翻訳解説で見せられる羽目に。しかし映画を気に入ってデル・トロを援助し始め、ロサンゼルス滞在時はキャメロン所有のゲストハウスに居候してマンガや映画の情報を交換しあう関係になる。その成果がキャメロンの最新作『アリータ：バトル・エンジェル』の原作「銃夢」を教えたのがデル・トロであり、流れはしたがデル・トロが大友克洋の「童夢」映画化を企画したのも、『パシフィック・リム』で『機動警察パトレイバー』を参考にしたのもキャメロンに教えられて、といった具合。

二人の関係で最も重要な事件は、一九九七年の『ミミック』公開直後に発生したデル・トロの父フェデリコの誘拐事件の際に、ジェームズ・キャメロンがキャシュで一〇〇万ドルの身代金を用意し腕利きの交渉人まで手配してデル・トロの父を助けたという事。しかも、この事件は『タイタニック』公開直前に発生し、その中でもキャメロンはデル・トロを支えたわけだ。

その後もデル・トロは作品毎にキャメロンに教えを乞い、『狂気の山脈にて』ではプロデュースを引き受けてもらい、『パシフィック・リム』製作時にも3D映画の指南を受けている。

シンプソンズ
The Simpsons

ギジェルモ・デル・トロ演出作の中でも一番の異色作がこれかもしれない。二〇一三年にアメリカでオンエアーされた『シンプソンズ』のハロウィンスペシャル「Treehouse Of Horror XXIV」オープニングのカウチ・ギャグをデル・トロ監督が担当し、様々な名作ホラー映画と自作をマッシュアップし詰め込める限りのホラーネタをつぎ込んだ異色作だからだ。

カウチ・ギャグは、シンプソンズのオープニングの構成をベースに、テーマ毎にキャラやネタを組み替えてメタなギャグを積み上げるのが趣向だが、二分四〇秒の中に自作を含め五〇本以上のホラーネタが並ぶ映像には、デル・トロの業の深さを思い知らされる。

ゾンビに始まりユニバーサル、ハマー、RKOの怪奇映画やヒッチコック、スティーヴン・キングにゴジラ、ハリーハウゼン、etc。とにかくキリがないくらいの懲りようなので、デル・トロファンで未見の方には探してでも見る事を強くお薦めする。でもシンプソンズのクリエイター、マット・グレイニングのSFシットコムアニメ『フューチュラマ』に出てきたHypnotoadを『パンズ・ラビリンス』の大ガエルの代わりに出したりするし、油断できない。

なお、デル・トロ本人は二〇一九年の「101 Mitigations」で〝荒涼館〟に居る自分の役で声の出演を果たしている。

スリーアミーゴス・オブ・シネマ
Three Amigos of Cinema

アルフォンソ・キュアロン、アレハンドロ・ゴンサレス・イニャリトゥ、そしてギジェルモ・デル・トロの三人の映画監督を合わせてこう呼ばれる。さらに撮影監督のエマニュエル・ルベツキとギジェルモ・ナバロも含めると、二〇一九年現在、デル・トロの映画仲間たちは実に十六ものオスカーを獲得している。

スペイン市民戦争
Spanish Civil War, Guerra Civil Española

第二次世界大戦直前にファシストのクーデターをきっかけに発生したスペイン内戦を指す。『デビルズ・バックボーン』は市民戦争の最中、『パンズ・ラビリンス』は市民戦争でファシスト側が勝利し大戦後も欧州諸国の中で唯一ファシズム独裁政権が残ってしまったスペインの暗黒時代を物語の背景にしている。

『パンズ・ラビリンス』も『デビルズ・バックボーン』も構想当初はスペイン市民戦争に関連する物語だったわけではなくメキシコ国内の戦争を舞台に考えていたものだが、ペドロ・アルモドバル監督に呼ばれてスペインに赴いた際に、ファンタジーと現実の関係性により意味をもたせる形として、舞台をスペイン市民戦争に置き換えて『デビルズ・バックボーン』の物語を作り、その延長上の『パンズ・ラビリンス』では、より残酷な形で現実側の世界を描く事でファンタジーの意味を研ぎ澄まして見るものに突きつけてくる。なお、この二作から背景や小物などのデザインに物語上の意味を持たせてメタファとする演出を多用するようになっている事にも注意すべき。

【た】

ダグ・ジョーンズ
Doug Jones

雨の中佇む怪物ロングジョン、ヘルボーイの相棒エイブ・サピエンと死の天使、オフィリアを導く迷宮の牧神や食人鬼ペールマン、館を這いずる真紅の幽霊、そして恋の逃避行をする半魚人など、人と交わる繊細な怪物を演じる素顔を見せない名優が彼。一九六〇年インディアナポリス出身の俳優でパントマイマーの彼は、その痩身を利して全身で異形の表情を演じる（少年期はそれがコンプレックスだったとのこと）。デル・トロ監督が求める繊細なモンスターに彼の存在は不可欠なようで、『ミミック』以降はほぼレギュラーで登場している。

デル・トロ作品の他にも、シルバーサーファーやバイバイマン、『ゲヘナ～死の生ける場所～』のメインビジュアルともなったあの老人を演じているのも彼。今ではファンタスティックフィルムに欠かせない名優として存在感を強めている。

ダン・ローストセン
Dan Laustsen

デンマーク出身のダンは、『ミミック』『クリムゾン・ピーク』で撮影監督を務め、『シェイプ・オブ・ウォーター』ではアカデミー撮影賞にノミネートされている。クリストフ・ガンズ監督と組んだ『ジェヴォーダンの獣』の夜間撮影や『サイレントヒル』での全編霧のかかった陰鬱な画面も印象的で、デル・トロ作品でも夜景や雨のシーンの構図でも冴えを見せる。

DDT SFX
(DDT EFFECTOS ESPECIALES)


一九九一年設立のスペインの特殊効果会社。『パンズ・ラビリンス』でアカデミーメイクアップ賞を受賞したダビド・マルティとモンセ・リベはじめ、特殊メイクやアニマトロニクスを中心に、腕のいい職人が揃うモンスター造形のスペシャリスト。

古いところではジャック・ショルダーの『アラクニッド』のセカンドユニットでの特殊メイクやモンスター造形の美味しいところを担当し、スペイン国内では、ペドロ・アルモドバルやJ・A・バヨナ、スチュアート・ゴードンの『ダゴン』、アレハンドロ・アメナーバルの『怪物はささやく』の巨人造形、ジャウマ・バラゲロの『REC／レック4ワールドエンド』や『機械仕掛けの小児病棟』の特殊メイク、デザインなどを担当している。

デル・トロ作品への参加は、『デビルズ・バックボーン』の幽霊メイクに始まり、『ヘルボーイ／ゴールデン・アーミー』では着ぐるみのままヘルボーイと殴り合う用心棒WINKやエイブ・サピエンのスーツをはじめ、様々なモンスター造形を行っている。中でも『パンズ・ラビリンス』の牧神や食人鬼ペイルマン、『クリムゾン・ピーク』の幽霊など、ダグ・ジョーンズが演じる異形のスーツ造形はほぼ一手に引き受けていた。但しトロントで撮影された『シェイプ・オブ・ウォーター』の半魚人は、ベテランのシェーン・マハン率いるレガシー・エフェクツが担当している。

チャ・チャ・チャ・フィルムズ
Cha Cha Cha Films

スリーアミーゴス・オブ・シネマの三人が二〇〇七年にメキシコで立ち上げた映画製作会社。初プロデュース作は、カルロス・キュアロンの初監督作『ルドandクルシ』。その後も、イニャリトゥ監督の『BIUTIFUL／ビューティフル』や、デル・トロ製作の3DCGアニメ『トロールハンターズ／アルカディア物語』などにクレジットされている。

ディック・スミス
Dick Smith

特殊メイクの神様で、デル・トロの特殊メイクの師。一九八四年の『アマデウス』でアカデミーメイクアップ賞を受賞し、二〇一二年にはアカデミー名誉賞を贈られた映画界のレジェンドでもある。そもそもフォーム・ラテックスで作った人工皮膚のパーツを組み合わせて貼り付けることで表情を動かせる特殊メイク〝オーバーラップ・アプライエンス〟という技術を映画に導入したのがディック・スミスで、自らの培った技術を広く後進に教えたことでメイクの歴史自体を変えてしまった人でもある。

デル・トロが特殊メイクを手がけ始めたきっかけも、九歳の時にディック・スミスの名前を冠した子供向け特殊メイクキット〝HORROR MAKEUP〟を購入したこと。その後は独学だったが、『クロノス』製作の準備として八七年にニューヨークのディック・スミスを訪問。スミスのAdvanced Professional Makeup Courseで学んだだけでなく、メキシコから来た自分を家族のようにフランクに迎えるスミスの人柄にも大きな影響を受けている。この関係はその後も変わることなく、九一年頃に同年代で脚本家デビューしたばかりの当時シラキュース大学の学生だったJ・J・エイブラムスを紹介したのもディック・スミス。成功後のデル・トロが若い映画人への援助を惜しまない姿勢は、この時のディック・スミスから受け継いだものかもしれない。

『ヘルボーイ』に参加した特殊メイクの巨匠リック・ベイカーは兄弟子にあたり、他にも『ブレイド2』で組んだスティーヴ・ジョンソンや、『パンズ・ラビリンス』でアカデミーメイクアップ賞を受賞したDDTのチーム内にも卒業生が二人。スミスの学校で学んだ生徒たちがいかにハイレベルなクリエイターに育っているかを知ればその偉大さがわかる。

トム・ヒドルストン
Tom Hiddleston

一九八一年ロンドン、ウエストミンスター出身。

『クリムゾン・ピーク』の館に縛られた男トーマスを演じる彼は、『マイティ・ソー』のロキという当たり役を持つ人気俳優だが、実はイートン校からケンブリッジ大学というエリートコースから王立演劇学校に進んだ秀才という側面を持つ。

『クリムゾン・ピーク』の特典映像では彼がアラデールホールの感想を語る他に、ゴシック・ロマンスの解説コーナーで「オトラント城奇譚」系の古典文学について語っているが、『オンリー・ラヴァーズ・レフト・アライヴ』で演じたアダムのいけすかなさや、ロキ役で見せる屈折した演技とは違った落ち着いた気品を見せてくれる。ヒドルストンのファンなら必見かもしれない。

トリータ・フィゲロア
Tolita Figueroa

『クロノス』の美術及び衣装デザインを担当したデザイナー。初監督のデル・トロの元で南メキシコを舞台にしながらダークなゴシック感をデザインし、現場での作品イメージを生み出し、メキシコ映画芸術科学アカデミーのアリエル賞を受賞している。

デザイナーとなる以前は、メキシコ自治大学では歴史を学び、中世マヤ文化を研究していた変わり種で、その後にローマのアカデミーオブファインアーツでセットデザインと衣装デザインを学び、アレハンドロ・ホドロフスキーの『サンタ・サングレ』の衣装デザインにも参加しているツワモノである。

トロイ・ニクシー
Troy Nixey

カナダ出身のコミックアーティストだが、二〇〇七年に実写と3DCGを融合させて自主製作した短編『Latchkey's Lament』をデル・トロにメールで送りつけ、これを観て気に入ったデル・トロが『ダーク・フェアリー』(11)の監督に抜擢していきなりの長編監督デビューとなった。デル・トロはこの作品では製作と脚本を担当しているが、もともとはイギリスABCで放送され、幻の怖いテレビとして人気の高かった『地下室の魔物』のリメイク作。デル・トロも子供の頃に見て、当時最も怖かった映画と語っている。

トロント
Toronto

『ミミック』撮影中に発生した父親の誘拐事件の後に家族と住む場所として選んだのがトロント。現在のホームタウンであるばかりでなく、映画制作にも積極的な街で、『パシフィック・リム』の日本の町並みが作られたのも、『シェイプ・オブ・ウォーター』の舞台となったエルジン・アンド・ウィンター・ガーデン・シアターがあるのもこの街。一九一三年に開場した古き映画館がカナダ国定史跡にも登録されて今も残されているのは、日本の事を考えると夢のような事だ。今は、トロント、ロサンゼルス、グアダラハラを行き来する生活がデル・トロの日常となっている。

【は】

ハイメ・ウンベルト・エルモシヨ
Jaime Humberto Hermosillo

一九四二年一月二二日生まれのメキシコの社会派映画監督で、グアダラハラ大学でデル・トロが師事した映画脚本の師。社会派の作風で知られ、自らも同性愛者であることを表明して映画製作を続けており、立場の弱いマイノリティをテーマに置いて描く作風は、デル・トロの作風でもあり、師と仰ぐ意味かもしれない。

ハイメ自身はデル・トロに対して、特に脚本を教えた認識はなく、デル・トロが自分で学んだ事とコメントしている。なお、八五年に発表したハイメ監督の男女三人の奇妙な関係を描いたLGBT的なテーマの映画『Doña Herlinda y su hijo』は、デル・トロの初プロデュース作となる。

ハビエル・ナバレテ
Javier Navarrete

『デビルズ・バックボーン』『パンズ・ラビリンス』の二作で寂寥感溢れる美しいメロディを担当したスペインの作曲家。特に後者はアカデミー賞、グラミー賞にノミネートされ、ニール・ジョーダン監督の『ビザンチウム』など海外作品に進出するきっかけとなる。

ハマー・プロダクション
Hammer Film Productions

クリストファー・リーとピーター・カッシングの二大名優を擁し、一九五七年の『フランケンシュタインの逆襲』に始まるフランケンシュタイン・シリーズや五八年の『吸血鬼ドラキュラ』に始まるドラキュラシリーズなど、五〇～六〇年代にかけて世界を席巻したイギリスのホラー&SF映画の名門。デル・トロにとっては、ユニバーサル・ホラーと並ぶ怪奇映画の古典であり、ゴシックホラーのお手本でもある。

H・P・ラヴクラフト
Howard Phillips Lovecraft

一九二〇年代にパルプマガジンのウィアード・テイルズ誌等で活躍したいわゆるパルプ作家の一人だが、宇宙的恐怖を提唱し、後にクトゥルー神話と呼ばれる事になる創作神話を生み出して後代に大きな影響を与えた幻想小説家。もちろんデル・トロが映画化を熱望する『狂気の山脈にて』の原作者である。クトゥルー神話は彼の死後も友人や弟子筋の作家達が書き続け拡散し、今も様々な作家が独自の神話を紡ぐに至る。

デル・トロにとってはラヴクラフトの孤独と疎外感を描いた名作「アウトサイダー」との出会いが大きいが、『ヘルボーイ』でミニョーラとの映画化に向けた検討の中でナチスとクトゥルーの邪神の関係を追いかけた事から、さらにその興味が深まったようだ。結果、彼の映像の中に触手描写が増え始め、『ヘルボーイ／ゴールデン・アーミー』のゴブリンマーケットの中には古きものが混じり、巨大な触手をくねらせる森の神が出現するという事態に至る。もちろん『狂気の山脈にて』のテストを意識したものである。

ファン・アントニオ・バヨナ
Juan Antonio Garcia Bayona

一九七五年生まれでスペインのバルセロナ出身の映画監督。『永遠のこどもたち』(07)で監督デビューするのだが、この作品の共同製作者に名前を連ねるのがデル・トロ。そもそもは一九九三年に当時まだ学生だったバヨナが、『クロノス』を持ってシッチェス映画祭に訪れたデル・トロ監督に出会い、その時にいつか映画を撮る時に支援する約束をもらい、本当にその約束が実現したのがこの作品。

その後、スペインで『インポッシブル』(12)、『怪物はささやく』

（16）と続けて大ヒットさせ、ハリウッドメジャーの『ジュラシック・ワールド／炎の王国』（18）を監督。ジュラシック・ワールドの続編なのにバヨナらしい洋館と少女の物語を両立させる構成で、興収一〇三億ドルの大ヒットに仕上げた。彼もスペイン語圏映画クリエイターのレベルの高さを示す一人である。

ペドロ・アルモドバル
Pedro Almodovar

言わずとしれたスペイン映画の巨匠だが、彼もデル・トロにとって大事な恩人の一人。

出会いは『クロノス』完成直後のマイアミ映画祭で、「初めて撮った映画には見えないね。いつかスペインで映画を撮りたくなったらプロデュースするよ」と賛辞を贈られた事に始まる。その後、初めてハリウッドで監督した『ミミック』でワインスタイン兄弟に酷い扱いを受け、自信喪失していたデル・トロを本当にスペインに呼び『デビルズ・バックボーン』をプロデュース。ついでにデル・トロの復活までプロデュースしてしまったことになる。この映画でデル・トロが自分の表現スタイルを確立した事も間違いない。

ベルタ・ナバロ
Bertha Navarro

メキシコ時代からデル・トロの才能を認めて、彼を世に出す仕掛けを作った名プロデューサー。撮影監督ギレルモ・ナバロのお姉さんで、今もデル・トロより若い世代が作る次代のメキシコ映画にプロデューサーとして関わり続けている。

『クロノス』のプロジェクトでは幻想映画では国の援助が得られない中で予算一〇〇万ドルをかき集め、ポスト・プロダクションの途中で予算を使い果たした後も資金集めに走り回り（その時はデル・トロも自宅を抵当にいれている）、最終的に一七〇万ドルで完成にこぎつけさせた。その後も『デビルズ・バックボーン』や、ハリウッドではスポンサーが集まらなかった『パンズ・ラビリンス』でプロデューサーの一人に名を連ねて協力を続けるなど、映画の世界にデル・トロを送り出した映画のお母さん的存在とも言える。

【ま】

マーク・セトラキアン
Mark Setrakian

サンフランシスコ生まれ。十九歳からＩＬＭでキャリアを始め、『メン・イン・ブラック』等の作品を経て、『ヘルボーイ』『パシフィック・リム』にアニマトロニクスと制御系のエンジニアとして参加したロボット工学のスペシャリスト。珍しい名前を気に入ったデル・トロは、本人了解の上で小説『ザ・ストレイン』三部作の吸血鬼ストリゴイのマスターを追う老吸血鬼ハンター、エイブラハム・セトラキアンに使っている。

なお、『パシフィック・リム』の後、彼のロボットバトルは現実世界に移り、戦闘ロボットの競技会BattleBotやRoboGamesのチャンピオンになった後、SYFY WIREのロボット格闘トーナメント番組『Robot Combat League』に登場する等身大ロボットを設計するに至っている。リアルにドリフトするイメージで作っているので、パシ・リム好きは必見。

マイク・ミニョーラ
Mike Mignola

ダークホースコミックで一九九四年に『ヘルボーイ』を生み出したコミックアーティスト。光と影のハイコントラストでアーティスティックにヘルボーイを描くスタイルはひたすらクールで、連載時はアメコミ界のアカデミー賞とも言えるアイズナー賞を毎年の様に受賞していた。

神話伝承が大好きだったデル・トロには、世界中の神話伝承に出てくる怪物と次々戦うヘルボーイはまさにフェイヴァリットコミックであると同時に、自分と同世代のアンチヒーローでもあっただろう。実は『ミミック』後のスランプ時期に当たる九七～九八年頃に動き始めた企画がミニョーラの『ヘルボーイ』と大友克洋の『童夢』の二つのコミックで、日本とアメリカ双方の人気コミックの映画化を画策していたことになり、思い入れの深さがわかる。

ミニョーラとは、子供の頃から神話伝承文献や怪談の愛好家という共通項で意気投合してヘルボーイ映画化にあたり、ロン・パールマン主演のキャスティング案も含めて共闘して製作にあたっている。その準備作の側面を持つ『ブレイド２』でもコンセプトデザイナーとして参加するなど、いい関係を続けて完成にこぎつけている。

映画化に関して、ヘルボーイが第三帝国のオカルト主義者達に地獄から召喚された悪魔がアメリカ軍に奪還され、アメリカ文化の中で育てられる設定はそのままだが、ミニョーラが調べていたラヴクラフトの神秘思想とナチスの共通性という要素を組み込んでクトゥルー神話的な悪魔のイメージを重ねたり（結果、続編ではやけにクトゥルー神話色が強くなる）、パイロキネシスのリズをヒロイン化したりと変更点も少なくないがこれも二人のキャッチボールの産物。

現在は、三作目でシリーズのリブート企画が動いており、今後に注目したい。

なお、デル・トロのアメコミ界でのもうひとりのフェイヴァリットは、ヘヴィーメタル誌でグラフィックノベルの傑作「ＤＥＮ」を生み出したエアブラシの魔術師リチャード・コーベン。『ヘルボーイ』のコミックにも二〇〇七年から参加している。

Mr.X Inc.
Mr. X Inc

トロントの小さなスタジオからスタートし、現在はモントリオール、ロス、インドのバンガロールに五〇〇人以上のアーティストを抱えるまでに成長したＳＦＸスタジオ。一九九九年のＴＶシリーズ『レリックハンター』以来、多くのハリウッド作品にＶＦＸで参加している。

デル・トロ作品では『パシフィック・リム』以降の実写作品ほぼ全てで何らかのＶＦＸを担当し、『シェイプ・オブ・ウォーター』では、ポストプロダクションで撮影済み素材をＣＧで加工するフィニッシュワークにその力を発揮している。特に半魚人の質感や、水に関わるシーンの幻想的な加工は見事。Mr.X の公式サイトを見れば撮影素材と最終型の対比が掲載されているので、あの画面がどう加工されて完成したのか見てほしい。

ライブでの演技で俳優の演技を引き出したいデル・トロとの相性は抜群。しかも本社はトロントにある。

宮崎駿
Hayao Miyazaki

日本が世界に誇るアニメーション作家であり、デル・トロがもっとも影響を受けたと何度も言及しているクリエイターである。現在は個人的な親交もあるが、最初に触れた作品は原画の一部に参加した東映アニメーションの傑作長編『長靴をはいた猫』から。特に『ヘルボーイ／ゴールデン・アーミー』では橋が落ちるシーンが長猫のオマージュとインタビューでは語っているが、岩の巨人は高畑勲監督・宮崎駿場面設計の『太陽の王子ホルスの大冒険』のモーグ登場シーンを、クライマックスの巨大歯車の対決シーンは『ルパン三世カリオストロの城』を誰もが思い浮かべるはず。他にもオマージュを探していけばきりがない。それよりも、セリフではなく絵で語ろうとするデル・トロの方法論に、日本のアニメーション演出の影響力を強く感じる。

モンスター
Monster

敬虔なクリスチャンの家庭に育ったデル・トロだが、個人的な意見として「個人的な救済は神ではなくモンスターによる」という考えを持っていた。モンスターや怪獣はそれを愛する者の守護聖人であり、それは彼の作品に濃厚に香るマイノリティへのメッセージでもある。社会からはみだして居所がなくなった者全てが、デル・トロにとってのフランケンシュタインのモンスターとも言える。

【や】

ユニバーサル・ホラー
Universal Horror

子供時代のデル・トロにとって最も重要な物語は、一九二〇～五〇年代のユニバーサル映画で数多く作られたモンスターであることは今も変わらない。吸血鬼、フランケンシュタインのモンスター、そしてトッド・ブラウニング監督の『フリークス／怪物團』に出てくる見世物のフリークス達への愛情が彼の作る物語の根幹に常にあるものだ。彼の文学趣味さえモンスターの物語の源泉を追い求めたものではないかと想像できる。そして彼は『シェイプ・オブ・ウォーター』の半魚人も、ヘルボーイとエイブも、ユニバーサル映画では描かれることのなかった愛情の獲得というフェアリーテイルに帰結させていく。それは、異形である故に疎まれ排除され、理解者足り得たはずの伴侶さえ原作でも映画でも得られないフランケンシュタインのモンスターに対する思いでもある。彼の私邸、荒涼館の中心に巨大なモンスターヘッドが飾られているのも、故なきことではない。

【ら】

レイ・ハリーハウゼン
Ray Harryhausen

一九二〇年ロサンジェルス出身。『キングコング』のウィリス・オブライエンに師事し、ストップモーション・アニメーションを使った特殊撮影を発展させ、その貢献により一九九二年にアカデミー賞特別賞を贈られている。二〇一三年に死去。

神話を題材にした様々な幻獣・巨獣を動かし、骸骨剣士と俳優の剣劇シーンを作り出し、恐竜を生きているかの如くに戦わせ、巨大ダコやリドサウルス、空飛ぶ円盤に都市を襲撃させるなど、CGが存在しない時代に奇跡の映像を生み出し続けた。『パシフィック・リム』の献辞にある通り、デル・トロにとって本多猪四郎と並ぶモンスター・マスターの一人である。

ロン・パールマン
Ron Perlman

デル・トロ映画に必要不可欠な一九五〇年ニューヨーク生まれの怪優。最初の出会いとなった『クロノス』では主役ではないのに製作費の5％までを使って呼んでしまう程に評価しており、『ヘルボーイ』のときも七年粘って彼の主演を勝ち取るなど、一九八七年からCBSで放送された現代版『美女と野獣』で野獣ヴィンセントを演じた彼がいかに印象的だったかがわかる。デル・トロは彼の演技力を、特殊メイクをしていてもニュアンスを演じられる「二一世紀のロン・チャニー」とまで称賛している。

【わ】

ワインスタイン兄弟
Harvey & Bob Weinstein

MeToo 運動の原因となったハーヴェイ・ワインスタインとその弟ボブの兄弟で、一九七九年にミラマックスを設立。多くのアカデミー賞受賞作品を製作・配給するが、その裏でハーヴェイが行っていた悪質なセクハラやパワハラ、性的暴行の酷さは、その後のニュースで報道された通り。

デル・トロとは『ミミック』のプロデューサーとしてボブ、製作総指揮の一人としてハーヴェイが関わり、デル・トロの制作方針とぶつかったため、脚本だけでマシュー・ロビンスとデル・トロ以外に、ジョン・セイルズ、スティーヴン・ソダーバーグ、マシュー・グリーンバーグと計五人が関わり、彼の作家性が出せない事態になる。ジェームズ・キャメロンはこの時の事を、あまりにデル・トロに対する扱いが酷いため言い争いになり、オスカー像で殴りかかるところだったと後に語っている。

『ミミック』は、SFホラー映画として出来が悪いわけではなく、むしろ良質の作品なのだが、デル・トロにとっては悪夢のような現場となり、この映画でハリウッドでの仕事は無理だと思いつめるほど追い込まれた因縁の作品。その裏側ではハーヴェイ・ワインスタインの度重なるセクハラにもめげず、デル・トロを降ろすなら私も降りると宣言してハーヴェイ&ボブと渡り合ったミラ・ソルヴィノが作品を支えたという経緯も。作品の魅力を生み出したはずの二人には最悪の作品になってしまったのが残念。

このセクハラ事件が発覚した年のアカデミー賞で『シェイプ・オブ・ウォーター』がオスカーを勝ち取った意味は大きい。

フィルモグラフィ
Filmography

監督作品

Pesadilla
1980年または 1981年

Pesadilla 2
1981年 または 1982年

Matilde
1983年

Ritual Rutina
製作年不明

DOÑA LUPE（ルペ夫人）
脚本　ギジェルモ・デル・トロ
1986年
30分

GEOMETRIA（幾何学）
製作・脚本・出演　ギジェルモ・デル・トロ
主演　グアダルーペ・デル・トロ（ギジェルモ監督の母）
1987年
9分

HORA MARCADA(運命の時間)
・LAS GOURMETS 30分　1988年
・CAMINOS DE AYER 30分　1988年
・CON TODO PARA LLEVAR 22分　1988年
・INVASIÓN 30分　1988年
・HAMBURQESAS 30分　1989年
メキシコ　TV シリーズ

クロノス
CRONOS

HD ニューマスター版 Blu-ray：3,800円＋税
発売元：是空／ TC エンタテインメント

[物語]
メキシコの骨董商ヘススは、ベラクルスで天使の形をした機械を偶然見つける。ヘススがその像の中から奇妙な金属機械を見つけてゼンマイを巻くと、時計のように動き出した。中から針が飛び出し、ヘススの手を貫いた。彼はその針に刺されることに快感を覚え、血への渇きを抱くようになる。彼が作動させた「クロノス」は、永遠の命が手に入る機械だった。ヘススは次第に若返っていくが、その代償として人間以外のものに変貌してしまう。

[キャスト]
フェデリコ・ルッピ　ロン・パールマン
クラウディオ・ブルック　マルガリタ・イザベル

[スタッフ]
製作　アーサー・ゴルソン　ベルサ・ナバロ
脚本　ギジェルモ・デル・トロ
撮影　ギジェルモ・ナバロ
美術　トリータ・フィゲーロ
編集　ラウル・ダバロス
衣裳　ジェノベバ・ペティットピエーレ
音楽　ハビエル・アルバレス

[データ]
1993年　メキシコ映画
94分ドルビー　カラー
アスペクト1.85：1 35mm
公開　メキシコ　1993年12月3日
　　　日本　1998年2月13日
配給　オンリー・ハーツ（日本）
製作会社
CNCAIMC / With Fondo de Fomento a la Calidad Cinematográfica/Grupo Del Toro/Guillermo Springall/Iguana Producciones/IMCINE/Servicos Filmicos ANC/Universidad de Guadalajara/Ventana Films
受賞
1993年
メルセデスベンツアワード
メキシコ　アリエルアワード
・ゴールデンアリエル　（ギジェルモ・デル・トロ）他　7部門
1995年
サターン賞
最優秀ビデオリリース賞
1997年
ゆうばり国際ファンタスティック映画祭招待

ミミック
MIMIC

[物語]
ニューヨークで致死率 100% の奇病「ストリックラー病」が蔓延、昆虫学者のスーザンは、病原菌を媒介するゴキブリを駆除するため、遺伝子操作によって新種の昆虫「ユダの血統」を作り出した。3年後、病は沈静化に向かい「ユダ」の存在も人々から忘れられていた。しかし地下鉄で新種の昆虫が発見され、スーザンはそれが「ユダ」の生き残りではないかと調査に乗り出す。地下鉄や周辺で行方不明事件が頻発した。それは進化して人間に擬態した「ユダ」が原因だった。地下の廃墟には巨大な虫の巣窟があった。

[キャスト]
ミラ・ソルヴィーノ　ジェレミー・ノーサム
アレクサンダー・グッドウイン
グランカリオ・グランニーニ
チャールズ・S・ダットン
ジョシュ・ブローリン

[スタッフ]
製作総指揮　マイケル・フィリップス
製作　オレ・ボールネダル
　　　B・J・ラック
　　　ボブ・ワインスタイン
原作　ドナルド・A ウォルハイム
脚本　マシュー・ロビンス
　　　ギジェルモ・デル・トロ
撮影　ダン・ローストセン
美術　キャロル・スピアー
アニメーション　エリック・レサード
編集　ピーター・デバネイ
　　　フラナガン
　　　パトリック・ルシア
衣裳　マリー　シルビー・デヴォー
音楽　マルコ・ベルトラミ
配給　ミラマックス（アメリカ）
　　　松竹富士（日本）

[データ]
1997年　アメリカ映画
105分　ディレクターズカット 112分
ドルビー デジタル：SDDS カラー

アスペクト 1.85：1
配給　ミラマックス(アメリカ)
　　　松竹富士(日本)
製作会社　ディメンション・フィルムズ
　　　　　ミラマックス
1998年　サターン賞　メイクアップ賞
1997年
東京国際ファンタスティック映画祭上映
受賞

デビルズ・バックボーン
THE DEVIL'S BACKBONE

[物語]
内戦下のスペイン、人里離れた場所にあるサンタ・ルチア孤児院に、12歳の少年カルロスがやってくる。ここには、義足の女院長カルメン、怪しげな老教師カザレス、若い女教師コンチッタ、管理人のハチントがいた。カルロスがあてがわれた12番ベッドは、行方不明になったサンティのベッドだった。カルロスは孤児院に住み始めたその日から、姿の見えない誰かに名前を呼ばれるようになる。それは、戦争のある日、悲惨な殺され方をした少年・サンティの霊だった。カルロスはサンティの死の原因を探ろうと、子供たちと結束して真犯人を追いつめる。

[キャスト]
フェデリコ・ルッピ　エデゥアルド・ノリエガ
マリサ・パレデス　フェルナンド・ティエルブ

[スタッフ]
製作総指揮　ペドロ・アルモドバル
　　　　　　ギジェルモ・デル・トロ
製作　アグスティン・アルモドバル
　　　ベルサ・ナバロ
脚本　ギジェルモ・デル・トロ
　　　アントニオ・トラショラス
　　　ダビッド・ムニョス
撮影　ギジェルモ・ナバロ
美術　セザール・マケロン
編集　ルイス・デ・ラ・マドリ
衣裳　ホセ・ビコ
音楽　ハビエル・ナバレーテ

[データ]
2001年　スペイン映画
106分　ドルビー デジタル　カラー
アスペクト1.85：1
公開　スペイン 2001年4月20日
　　　日本 2004年8月28日
配給　ザナドゥー(日本)
製作会社
El Desso/ テキーラ・ギャング / アネロ・プロダクションズ
受賞
2002年
アムステルダム・ファンタジックフィルム・フェスティバル
銀のヨーロッパ　ファンタジーフィルム大賞
他

ブレイド2
BLADE II

Blu-ray：2,381円＋税
DVD：1,429円 ＋税
ワーナー・ブラザース ホームエンターテイメント

[物語]
人間とヴァンパイアの混血ブレイドは、ヴァンパイアハンターである。ブレイドはヴァンパイアにされた恩人のウィスラーを救出し、人間に戻す。ある日、ヴァンパイアらがブレイドの拠点に侵入、新種のヴァンパイア死神族を倒す協力をしてほしいと頼む。困惑し、警戒しながらも彼らと一時休戦する。ヴァンパイアのクラブに招かれたブレイドは、死神族(リーパーズ)を見つけたが、大量のリーパーズに襲われる。やがてリーパースを作った者とその意図を知ったブレイドは反撃を開始、リーパーズを討伐する。

[キャスト]
ウェズリー・スナイプス
クリス・クリストファーソン　ロン・パールマン
レオノア・ヴァレラ　ノーマン・リーダス
ドニー・イェン

[スタッフ]
製作総指揮　アヴィ・アラド
　　　　　　マイケル・デ・ルカ
　　　　　　トビー・エメリッヒ
　　　　　　スタン・リー
製作　ピーター・フランクフルト
　　　トーマス・クレジ
　　　パトリック・J・パーマー
　　　ウェズリー・スナイプス
原作　マーヴ・ウルフマン
　　　ジーン・コーラン
脚本　デイヴィッド・S・ゴイヤー
撮影　ガブリエル・ベリスタイン
美術　キャロル・スピアー
編集　ピーター・アマンドソン
衣裳　ウェンディ・パートリッジ
音楽　マルコ・ベルトラミ
アクション・コレオグラファー　ジェフ・ウォード
　　　　　　　　　　　　　　ドニー・イェン

[データ]
2002年　アメリカ映画
117分 DTS-ES：ドルビー デジタル EX
カラー　アスペクト 1.85:1
公開　アメリカ 2002年3月22日
　　　日本 2002年6月15日
配給　ニュー・ライン・シネマ(アメリカ)
　　　日本ヘラルド(日本)
製作会社
ニューラインシネマ /Amen Ra Films/ マーベルエンタープライゼス / イマジナリー・フオーセス / ジャスティン・ピクチャーズ / リノボ・プロダクションズ GmbH & Co.KG/ パシフィック・タイトル＆　アート　スタジオ
受賞
2002年
　ASCAP フィルム＆テレビジョン・ミュージック・アワード
　　ASCAP アワード　興行トップ(マルコ・ベルトラミ)
他多数

ヘルボーイ
HELLBOY

Blu-ray：1,886円＋税
DVD：1,429円＋税
発売元：NBC ユニバーサル・エンターテイメント

[物語]
第二次世界大戦の末期、窮地に追い込まれた旧ドイツ軍は、起死回生のためにロシアの怪僧ラスプーチンと手を組み、ラグナロク計画を企てた。アメリカ軍がそれを阻止、ラスプーチンは魔界へ吸いこまれた。しかし不可抗力で異形の赤子が現れる。アメリカ軍のブルーム教授はその赤子にヘルボーイと名づけ、育てた。ヘルボーイの全身は赤く頭には角があり、右手が巨大化した異様な姿でありながら、心は優しく育った。やがてヘルボーイはレッドと呼ばれ、超常現象調査防衛局(BRPD)のエージェントになった。半魚人エイブや、発火能力を持つリズと協

力して悪魔たちと戦う。リズはその特異な力のため迫害を受けてきたが。後にヘルボーイの恋人になる。ブルーム教授は余命僅かで、自分に変わるヘルボーイの世話人として、真面目な捜査官ジョンを選ぶ。やがてブルーム教授は息を引き取り、ヘルボーイはひどく落胆する。しかしヘルボーイはエイブ、リズと共に、強力な怪獣や復活した怪僧ラスプーチンと戦う。ヘルボーイは、次第に自分の出生の秘密と、なぜ右腕が巨大なのかを知ることになる。魔界の怪獣たちを倒したヘルボーイは、リズを優しく抱き寄せる。

［キャスト］
ロン・パールマン　ジョン・ハート
セルマ・ブレア　ルパート・エヴァンス
カレル・ローデン　ジェフリー・タンボール
ダグ・ジョーンズ　ブライアン・スティール
ラディスラフ・ベラン

［スタッフ］
製作総指揮　パトリック・J・パーマー
製作　ローレンス・ゴードン
　ロイド・レヴィン
　マイク・リチャードソン
原作　マイク・ミニョーラ
脚本　ギジェルモ・デル・トロ
撮影　ギジェルモ・ナバロ
美術　スティーヴン・スコット
編集　ピーター・アマンドソン
衣裳　ウェンディ・パートリッジ
音楽　マルコ・ベルトラミ
視覚効果　ティペット・スタジオ

［データ］
2004年アメリカ映画
122分　ディレクターズカット132分
DTS-ES：ドルビー デジタル
SDDS D-CINEMA 48KHZ5.1
公開　アメリカ 2004年4月2日
　日本 2004年10月1日
配給　コロムビア(アメリカ)　UIP(日本)
製作会社
レボリューション・スタジオ／ローレンス・ゴードン　プロダクションズ／スターライト・フィルムズ
受賞
2005年　サターン賞　メイクアップ賞

パンズ・ラビリンス
PAN'S LABYRINTH

価格：1,500円＋税
スペシャルプライス版〔発売中〕
発売元：カルチュア・パブリッシャーズ
販売元：アミューズソフト

［物語］
内戦で父を亡くした少女オフェリアは、妊娠中の母親と共に、再婚相手のビダル大尉に引き取られ、山奥の森に移住した。冷酷なビダルは、生まれてくる子しか気にかけず、オフェリアと母は辛い日々を送っていた。ある夜オフェリアの部屋に迷い込んだ虫が妖精に姿を変え、森にある迷宮へオフェリアを導く。そこには番人パンがおり、あなたがこの王国の姫だと告げる。そしてこの迷宮は地底の王国の入り口で、オフェリアが姫である事を確かめるためには、3つの試練を果たさなければならないとパンは伝える。現実世界ではビダルによる抵抗軍の掃討が行われ、オフェリアも殺される。彼女の魂は地底の王国に導かれ、永遠の王女となる。

［キャスト］
イバナ・バケロ　ダグ・ジョーンズ
セルジ・ロペス　マリベル・ベルドゥ
アリアドナ・ヒル　アレックス・アングロ
マノロ・サロ　ロジェール・カサマジョール

［スタッフ］
製作総指揮　ベレン・アティエンザ
　エレナ・マンリケ
製作　ギジェルモ・デル・トロ
　アルバロ・アグスティン
　アルフォンソ・キュアロン
　ベルサ・ナバロ
　フリーダ・トレスブランコ
脚本　ギジェルモ・デル・トロ
撮影　ギジェルモ・ナバロ
美術　エウヘニオ・カバイェーロ
編集　ベルナテ・ビラプラナ
衣裳　ララ・ウエテ
音楽　ハビエル・ナバレーテ

［データ］
2006年メキシコ・スペイン・アメリカ合作
118分　DTS ドルビー デジタル　SDDS
カラー　アスペクト　1.85：1
公開　スペイン 2006年10月11日
　メキシコ 2006年10月20日
　アメリカ 2006年12月29日
　日本 2007年10月6日
配給　ピクチャー・ハウス(アメリカ)
　CK エンタテインメント(日本)
製作会社　ワイルド・バンチ／CafeFX
受賞
2007年
アカデミー賞
　撮影賞(ギジェルモ・ナバロ)
　美術賞(美術：エウヘニオ・カバイェーロ
　　装飾：ピラール・レベルタ)
　メイクアップ賞(ダビド・マルティ、モンセ・リベ)
　ノミネート　オリジナル脚本賞　作曲賞
　　外国語映画賞
2007年
BAFTA 外国語映画賞
　衣裳デザイン賞
　メイクアップ＆ヘア賞
2007年
サターン賞
　国際映画賞
　若手俳優賞(イヴァナ・バケロ)

ヘルボーイ/ゴールデン・アーミー
HELLBOY II THE GOLDEN ARMY

Blu-ray：1,886円＋税
DVD：1,429円＋税
発売元：NBC ユニバーサル・エンターテイメント

［物語］
ヘルボーイは幼い頃、養父ブルーム教授から寝物語として、エルフの王が作った無敵の軍隊「ゴールデン・アーミー」の伝説を聞かされていた。ゴールデン・アーミーはエルフと人間との戦争で力を示し、それを怖れたバロムはゴールデン・アーミーを封印した。戦争は終り、人間と魔物は別の世界に住むようになる。数十年後、バロムの息子ヌアダ王子は、人間の横暴に怒り、ゴールデン・アーミーの復活を目指す。ヌアダはニューヨークのオークションに出た「王冠」の一部を強奪すると、その情報はニュージャージー州にある超常現象調査防衛局(BPRD)

に知らされる。そこには、FBI局長のトム・マニング、ヘルボーイ、彼のガールフレンドで妊娠中のリズ、半魚人エイブがいた。緊急の知らせがあり、彼らは早速出動した。大量の小さい、しかし狂暴な「歯の妖精」が人を襲い食い尽くそうとするが、リズの発火によって全滅する。地下の妖精世界ではパロムがヌアダ王子を処刑しようとしていた。が、逆にパロムを殺してしまう。偶然居合わせた双子の妹ヌアラ王女は王冠の一部を持って逃げ出しトロール市場に隠れる。ヘルボーイたちと新しいリーダーヨハン・クラウスの一行が、トロール市場へ潜り込むと、ヌアラ王女は地図を燃やし、王冠の最後の一部を隠した。ヘルボーイたちはヌアラ王女を助けるが、ヌアダ王子が現われる。ヌアダとヌアラは精神的にも肉体的にも繋がっているため、王女の居場所を知ることができたのだ。王子に戦いを挑まれたヘルボーイは胸に魔力を持った槍の刃先を埋め込まれる。地図に基づき北アイルランドへ飛んだヘルボーイたちはゴブリンの導きで死神と会い、リズに対し、この男の命を助けたいかと聞く。リズは助けたいと答える。ヘルボーイの体の中の槍の刃先は取り除かれた。最後の一片を手に入れ王冠を復活させたヌアダ王子は、地下都市でゴールデン・アーミーを蘇らせるが、ヘルボーイとの死闘のあげく、ヌアラ王女が死を選ぶことによって王子の命も消え、王冠はリズの手の炎で溶かされただの金塊になる。

[キャスト]

ロン・パールマン　ダグ・ジョーンズ
セルマ・ブレア　ジョン・アレクサンダー
シェフリー・タンバー　ルーク・ゴス
アンナ・ウォルトン　ロイ・ドートリス

[スタッフ]

製作総指揮　クリス・シムズ
製作　ローレンス・ゴードン
　　　ロイド・レヴィン
　　　マイク・リチャードソン
原作　マイク・ミニョーラ
脚本　ギジェルモ・デル・トロ
撮影　ギジェルモ・ナバロ
美術　スティーヴン・スコット
編集　ベルナテ・ビラプラナ
衣裳　サミー・シェリドン
音楽　ダニー・エルフマン

[データ]

2008年アメリカ
映画　『ヘルボーイ』の続編　120分
SDDS ドルビー デジタル DTS カラー
アスペクト　1.85：1
公開　アメリカ 2008年7月11日
　　　日本 2009年1月9日
配給　ユニバーサル(アメリカ)
　　　東宝東和(日本)
製作会社
ユニバーサル・ピクチャーズ / ローレンス・ゴードン　プロダクションズ / インターナショナーレ・フィルムプロダクション　イーグル / ミッド・アトランティック・フィルムズ
受賞
2009年
サターン賞
　ベストホラー映画賞

パシフィック・リム
PACIFIC RIM

Blu-ray：2,381円＋税
DVD：1,429円 ＋税
ワーナー・ブラザース ホームエンターテイメント

[物語]

太平洋の深海に割れ目「ブリーチ」が生じ、巨大な怪獣が現れる。怪獣は世界中を破壊していく。人類は巨人のロボット、イェーガーを開発、一時的に優位に立つ、しかし怪獣は次々と出現したため、世界中から選ばれた者がイェーガーに搭乗して怪獣との戦いに挑む。イェーガーのパイロット、ローリーと兄ヤンシーは怪獣を攻撃するが、機体が大破しヤンシーは死ぬ。ローリーはショックに耐え、単独でイェーガーを操縦して巨大怪獣ナイフヘッドを倒す。5年後、怪獣の急激な増加によりイェーガーの生産が追いつかないため、イェーガー計画は中止される。司令官ペントコストは。パイロットをやめていたローリーに、「ブリーチ」を破壊するため復帰を求める。ローリーはペントコストと共に香港の基地へ向かい、パイロットの選定を担当する研究者、森マコに会う。マコはイェーガーの搭乗者に選ばれてもおかしくないほどの戦闘能力の持ち主だったが、ペントコストから搭乗を止められていた。訓練でマコの能力を知ったローリーは、彼女と組みたいとペントコストに言う。しかしマコは過去のトラウマから危うく事故を起こしかけてしまい、ローリーのパートナーは別の人間になる。2025年過去最大カテゴリー4の怪獣が2体出現、香港を襲撃する。待機を命じられていたローリーはペントコストの反対を押し切ってマコとペアを組み出撃。怪獣を2体とも倒してしまう。「ブリーチ」付近に2体のカテゴリー4の怪獣が出現。ペントコストは、2体のイェーガーで「ブリーチ」を破壊することを決断、自ら「ストライカー・エウレカ」に乗り込み出撃する。核爆弾を起動し、残る怪獣2体を倒しながら、巻き添えになり自爆する。ローリーたちは「ジプシー・デンジャー」の動力源である原子炉を爆発させることにし、マコを先に脱出させて遠隔操作で爆破しようとするが失敗。手動で起爆スイッチを入れたローリーは間一髪で脱出。「ブリーチ」の破壊に成功する。先に海上へ浮上していたマコや隊員が見守る中、ローリーも無事帰還する。

[キャスト]

チャーリー・ハナム　菊地凛子　芦田愛菜
ロン・パールマン　イドリス・エルバ
チャーリー・デイ　バーン・ゴーマン
クリフトン・コリンズ・Jr.
マックス・マーティーニ
ロバート・カジンスキー

[スタッフ]

製作総指揮　カラム・グリーン
製作　ギジェルモ・デル・トロ
　　　ジョン・ジャッシニ
　　　メアリー・ペアレント
　　　トーマス・タル
原案　トラヴィス・ビーチャム
脚本　トラヴィス・ビーチャム
　　　ギジェルモ・デル・トロ
撮影　ギジェルモ・ナバロ
美術　アンドリュー・ネスコロムニイ
編集　ピーター・アムンドソン
　　　ジョン・ギルロイ
衣裳　ケイト・ハーレイ
音楽　ラミン・ジャヴァディ
視覚効果　ILM

[データ]

2013年アメリカ映画
131分　ドルビー デジタル
DATASAT SDDS ドルビー アトモス
ドルビー サラウンド 7.1 カラー
アスペクト　1.85：1
公開　アメリカ 2013年7月12日
　　　日本 2013年8月9日
配給　ワーナー・ブラザース(アメリカ、日本)
製作会社　ワーナー・ブラザース / レジェンダリー・エンターテインメント /DDY

シンプソンズ
THE SIMPSONS
「TREEHOUSE OF HORROR XXIV」

［**キャスト**］（声の出演）
ダン・カステラネータ　ジュリー・カブナー
ナンシー・カートライト　ハンク・アザリア
［**スタッフ**］
製作総指揮　ジェームズ・L・ブルックス
ジョン・フリンク
マット・グローニング
アル・ジーン
マット・セルマン
サム・サイモン
製作　トム・ガンミル
デイヴィッド・ミルキン
ボニータ・ピエティラ
マックス・プロス
リチャード・レイニス
マイク・レイス
リチャード・サカイ
マイク・スカリー
デニス・シルコット
ジャスプリート・ディロン（アニメーションプロデューサー）
原作　マット・グローニング
脚本　ジェフ・ウェストブルックス
ジョン・カーン
編集　ドン・バロンツォ　マイケル・ブリッジ
音楽　アルフ・クローセン
2013年　アメリカ
アニメーション TV シリーズ　30分
ドルビー カラー　16：9 HD
製作会社　グラシエ・フィルムズ
20世紀フォックス

PACIFIC RIM : JEAGER PILOT OCULUS RIFT EXPERIENCE
2014年　アメリカ　ビデオゲーム

P. T.
2014年　アメリカ　ビデオゲーム

ストレイン／沈黙のエクリプス（シーズン1）
THE STRAIN

< SEASONS ブルーレイ・ボックス>
Blu-ray〔発売中〕
20世紀フォックス ホーム エンターテイメント ジャパン

「ナイト・ゼロ　NIGHT ZERO」

［**物語**］
ベルリン発の航空機がニューヨークに到着したが、管制官の呼びかけに応答しない。疾病予防管理センターのエフ博士は同僚で恋人のノーラと機内に入ると、210 人の乗員乗客のうち 4 人以外全員が死亡していた。機内で奇妙な虫が見つかり、生存者と死者は人を襲って血を吸いバンパイアとなってしまう。
［**キャスト**］
コリー・ストール　デイヴィッド・ブラッドリー
ケヴィン・デュランド　ジョナサン・ハイド
リチャード・サメル　ミゲル・ゴメス
ルタ・ゲドミンタス　ナタリー・ブラウン
ミア・マエストロ
［**スタッフ**］
製作総指揮　ギジェルモ・デル・トロ
コリン・バード
カールトン・キュース
チャック・ホーガン
ゲイリー・アンガー
製作　J・マイルス・デイル
原作　ギジェルモ・デル・トロ
チャック・ホーガン
脚本　ギジェルモ・デル・トロ
チャック・ホーガン
撮影　チェッコ・ヴァレス
美術　タマラ・デヴェレル
編集　シドニー・ウォリンスキー
衣裳　ルイス・セキーラ
音楽　ラミン・ハワディ
［**データ**］
2014年　アメリカ　TV シリーズ
69分　カラー
製作会社　ミラダ

ストレイン／沈黙のエクリプス（シーズン2）
THE STRAIN
「ブルックリン　BK,NY」

［**物語**］（プロローグ）
祖母から、マスターの虫に感染したサルデュの伝説を聞かされたセトラキアンは、ストリゴイの長老たちに会い、マスターを見つけたら報告すると約束する。仲間がセトラキアンの持ち物を回収しに倉庫に行くと。隠れていた老夫婦が感染させられる。マスターは盲目の子供たちを感染させ、感知者と呼ばれる新種のストリゴイを作り出す。
［**キャスト**］
コリー・ストール　デイヴィッド・ブラッドリー
ケヴィン・デュランド　ジョナサン・ハイド
リチャード・サメル　ミゲル・ゴメス
ルタ・ゲドミンタス　ナタリー・ブラウン
マックス・チャーリーズ
［**スタッフ**］
製作総指揮　ギジェルモ・デル・トロ
リチャード・J・アノビル
レジーナ・コラド
カールトン・キュース
J・マイルス・デール
ブラッドリー・トンプソン
チャック・ホーガン
ゲイリー・アンガー
デイヴィッド・ウェドル
製作　ラウフ・グラスゴー
監督　ギジェルモ・デル・トロ（プロローグ）
グレゴリー・ホビット
原作　ギジェルモ・デル・トロ
チャック・ホーガン
脚本　カールトン・キュース
チャック・ホーガン
撮影　ミロスラフ・バザック
美術　タマラ・デヴェレル
編集　キャメロン・マクローチリン（プロローグ）
アンソニー・レッドマン
衣裳　ルイス・セキーラ
音楽　ラミン・ハワディ
［**データ**］
2015年アメリカ　TV シリーズ
58分　カラー
製作会社　ミラダ

クリムゾン・ピーク
CRIMSON PEAK

Blu-ray：1,886円＋税
DVD：1,429円＋税
発売元：NBC ユニバーサル・エンターテイメント

［物語］
父と暮らしているアメリカ人少女イーディスは、小説家を目指していた。彼女の部屋には亡くなった母の亡霊が出現する。母の亡霊は、「クリムゾン・ピークに近づかないように」と警告した。やがてイーディスは、幽霊について小説を書くようになる。彼女は医師の青年アランや、発明家の男爵トーマスと出会う。イーディスはトーマスに惹かれて行くが、彼女の父は彼を怪しみ、イギリスに帰国するようにと言う。ある日、イーディスの父は事故で突然亡くなってしまう。アランがその死を不審に思い、調査を始めると、何者かに殺されたらしいことがわかる。トーマスはイーディスを連れてイギリスへ帰国。自分の土地が「クリムゾン・ピーク」であることを伝える。アランはトーマスの正体を知り、イーディスを救うためクリムゾン・ピークへ向かう。トーマスは数回の結婚をしており、姉と共謀して資産家の女性を騙す結婚詐欺師だった。トーマスがイーディスを愛していることを知った姉に殺されてしまう。イーディスも殺そうとするが、トーマスの幽霊が現れて彼女を助け、姉は殺される。

［キャスト］
ミア・ワシコウスカ　ジェシカ・チャスティン
トム・ヒドルストン　チャーリー・ハナム
ジム・ビーヴァー　バーン・ゴーマン
レスリー・ホープ　ダグ・ジョーンズ
ジョナサン・ハイド

［スタッフ］
製作総指揮　ジリアン・シェア
製作　ギジェルモ・デル・トロ
　カルム・グリーン
　ジョン・ジャッシニ
　トーマス・タル
脚本　ギジェルモ・デル・トロ
　マシュー・ロビンス
撮影　ダン・ローステン
美術　トーマス・E・サンダース
編集　ベルナト・ビラプラナ
衣裳　ケイト・ハーレイ
音楽　フェルナンド・ベラスケス
配給　ユニバーサル・ピクチャーズ（アメリカ）
　東宝東和（日本）

［データ］
2015年　アメリカ・カナダ映画
119分　ドルビー デジタル
ドルビーサラウンド 7.1　カラー
アスペクト1.85：1
公開　アメリカ 2015年10月16日
　日本 2016年1月8日
配給　ユニバーサル・ピクチャーズ（アメリカ）
　東宝東和（日本）
製作会社　DDY
　レジェンダリー・エンターテインメント
受賞
2016年
サターン賞
　ベストホラー映画賞
　助演女優賞
　特殊効果賞
　美術賞

シェイプ・オブ・ウォーター
THE SHAPE OF WATER

オリジナル無修正版
Blu-ray〔発売中〕
20世紀フォックス ホーム エンターテイメント ジャパン

［物語］
冷戦時のアメリカ、幼児期の傷で声を失った女性イライザは、政府の機密機関「航空宇宙研究センター」で働いている。孤独なイライザはアパートの隣人ジャイルズや、職場の仲間ゼルダに支えられていた。ある日、センターのホフステトラー博士がアマゾンで捕らえられた生物を運び込んだ。清掃のため部屋に入ったイライザは、その生物「半魚人」を見つける。イライザはその「半魚人」に心惹かれて秘密で部屋へ入り、好物のゆで卵を与え、手話を教える。いつしか心が通い合うようになる。軍人のストリックランドによって半魚人が解剖されるかもしれないと知ったイライザは、ジャイルズやゼルダの助けを借りて彼を救い出すことを決意する。イライザと半魚人は運河まで辿り着くが、追ってきたストリックランドに撃たれてしまう。半魚人の不思議な力でイライザは蘇り、海の中で幸せに暮らす。

［キャスト］
サリー・ホーキンス　マイケル・シャノン
リチャード・ジェンキンス
オクタヴィア・スペンサー
マイケル・スタールバーグ　ダグ・ジョーンズ
デイヴィッド・ヒューレット
ナイジェル・ベネット

［スタッフ］
製作総指揮　リズ・セイアー
製作　ギジェルモ・デル・トロ
　J・マイルス・デイル
原案　ギジェルモ・デル・トロ
脚本　ギジェルモ・デル・トロ
　ヴァネッサ・テイラー
撮影　ダン・ローストセン
美術　ポール・D・オースターベリー
編集　シドニー・ウォリンスキー
衣裳　ルイス・セキーラ
音楽　アレクサンドル・デスプラ

［データ］
2017年　アメリカ 映画
123分　D-CINEMA 48KHZ 5.1
カラー一部モノクロ 1.85：1
公開　アメリカ 2017年8月31日
　日本 2018年3月1日
配給　20世紀フォックス（アメリカ、日本）
製作会社
ブル・プロダクションズ /DDY/ フォックス・サーチライト・ピクチャーズ /TSG エンターテインメント
受賞
2017年
ヴェネツィア国際映画祭金獅子賞
2018年
アカデミー賞
　作品賞（ギジェルモ・デル・トロ、J・マイルス・デイル）
　監督賞（ギジェルモ・デル・トロ）
　作曲賞（アレクサンドル・デスプラ）
　美術賞（美術：ポール・D・オースターベリー
　　シェーン・ヴュー
　装飾：ジェフ・メルヴィン）
　ノミネート　主演女優賞　助演男優賞
　　助演女優賞
　　オリジナル脚本賞
　　撮影賞　衣裳デザイン賞
　　音響編集賞
　　音響ミキシング賞　編集賞
2018年

ゴールデングローブ賞
監督賞　作曲賞

TROLLHUNTERS
・BECOMING PT1　22分　2016年
・BECOMING PT2　22分　2016年
・THE ETERNAL KNIGHT PT1　23分　2018年
・THE ETERNAL KNIGHT PT2　23分　2018年
アメリカ　アニメーション　TV シリーズ
製作会社
ドリーム・ワークス・アニメーション /DDY

3 8ELOW : TALES OF ARCADIA
・TERRA INCOGNITA PT1　24分　2018年
・TERRA INCOGNITA PT2　24分　2018年
アメリカ　アニメーション　TV シリーズ
製作会社
ドリーム・ワークス・アニメーション /DDY

脚本作品

EL LABERINTO DEL FAUNO:DETRAS DE LAS CAMARAS
2006年　ビデオドキュメンタリー

HLLBOY THE SCIENCE OF EVIL
原案　ギジェルモ・デル・トロ
2008年　アメリカ　ビデオゲーム

HLLBOYⅡ THE GOLDEN ARMY-ZINCO EPILOGUE
原案　ギジェルモ・デル・トロ
2008年　アメリカ　ショート　ビデオ作品

HLLBOYⅡ THE GOLDEN ARMY-PROLOGUE
原案　ギジェルモ・デル・トロ
2008年　アメリカ　ショート　ビデオ作品

ダーク・フェアリー
DON'T BE AFRAID OF THE DARK

【おトク値!】Blu-ray：2,500円＋税
【おトク値!】DVD：1,800円＋税
発売・販売元：ポニーキャニオン

［キャスト］
ケイティ・ホームズ　ガイ・ピアース
ベイリー・マディソン　ギャリー・マクドナルド
エデゥイナ・リチャード　ジャック・トンプソン
ジュリア・ブレイク　ブルース・グリーソン
［スタッフ］
監督　トロイ・ニクシー
製作総指揮　ウイリアム・ホーバーグ
スティーヴン・ジョーンズ
トム・ウイリアムス
製作　ギジェルモ・デル・トロ
マーク・ジョンソン
脚本　(他に)マシュー・ロビンス
撮影　オリヴァー・ステイプルトン
美術　ロジャー・フォード
編集　ジル・ビルコック
衣裳　ウェンディ・チャック
音楽　マルコ・ベルトラミ
バック・サンダース
2010年　オーストラリア映画　99分

DARK HORSE MOTION COMICS「THE STRAIN」
2012年　TV シリーズ

ホビット　思いがけない冒険
THE HOBBIT AN UNEXPECTED JOURNEY

Blu-ray：2,381円＋税
DVD：1,429円＋税
ワーナー・ブラザース ホームエンターテイメント

［キャスト］
マーティン・フリーマン　イアン・ホルム
イアン・マッケラン　ケイト・ブランシェット
ヒューゴ・ウィーヴィング　クリストファー・リー
イライジャ・ウッド　アイルベスター・マッコイ
リチャード・アーミテージ　ケン・ストット
アンディ・サーキス　リー・ペイス
グレアム・マクダウィッシュ
［スタッフ］
製作総指揮　キャロリン・ブラックウッド
トビー・エメリッヒ
アラン・ホーン
ケン・カミンズ
製作　キャロリン・カニンガム
ピーター・ジャクソン
フラン・ウォルシュ
ゼイン・ワイナー
監督　ピーター・ジャクソン
原作　J・R・R・トールキン
脚本　(他に)フラン・ウォルシュ
フィリッパ・ボウエン
ピーター・ジャクソン
撮影　アンドリュー・レスニー
美術　ダン・ヘンナー
編集　ハベツ・オルセン
衣裳　ボブ・バック　アン・マスクレー
リチャード・テイラー
音楽　ハワード・ショア
2012年　アメリカ・ニュージーランド映画
169分
受賞
2013年　サターン賞　美術賞

ホビット　竜に奪われた王国
THE HOBBIT THE DESOLATION OF SMAUG

【初回限定生産】
3D&2D Blu-ray セット：5,790円＋税
ワーナー・ブラザース ホームエンターテイメント

［物語］
［キャスト］
イアン・マッケラン　マーティン・フリーマン
リチャード・アーミテージ　ケン・ストット
［スタッフ］
製作総指揮　キャロリン・ブラックウッド

トビー・エメリッヒ
カラム・グリーン
アラン・ホーン
ケン・カミンス
製作　キャロライン・カニンガム
ピーター・ジャクソン
フラン・ウォルシュ
ゼイン・ワイナー
監督　ピーター・ジャクソン
原作　J・R・R・トーキン
脚本　(他に)フラン・ウォルシュ
フィリッパ・ボウエン
ピーター・ジャクソン
撮影　アンドリュー・レスニー
美術　ダン・ヘンナー
編集　ハベツ・オルセン
衣裳　ボブ・バック　アン・マスクレー
リチャード・テイラー
音楽　ハワード・ショア
2013年　アメリカ映画　161分
受賞
2014年　サターン賞　美術賞

ホビット　決戦のゆくえ
THE HOBBIT THE BATLE OF THE FIVE ARMIES

Blu-ray：2,381円＋税
DVD：1,429円 ＋税
ワーナー・ブラザース ホームエンターテイメント

［キャスト］
イアン・マッケラン　マーティン・フリーマン
リチャード・アーミテージ　ケン・ストット
エヴァンジェリン・リリー　リー・ペイス
ルーク・エヴァンズ
ベネディクト・カンバーバッジ
オーランド・ブルーム　クリストファー・リー
［スタッフ］
製作総指揮　キャロリン・ブラックウッド
トビー・エメリッヒ
カラム・グリーン
アラン・ホーン
ケン・カミンス
製作　キャロライン・カニンガム
ピーター・ジャクソン
フラン・ウオルシュ
ゼイン・ワイナー
監督　ピーター・ジャクソン
原作　J・R・R・トールキン
脚本　(他に)フラン・ウォルシュ
フィリッパ・ボウエン
ピーター・ジャクソン
撮影　アンドリュー・レスニー
美術　ダン・ヘンナー
編集　ジャベス・オルセン
衣裳　ボブ・バック　アン・マスクレー
リチャード・テイラー
音楽　ハワード・ショア
2014年　アメリカ映画　184分
受賞
2015年
サターン賞
助演男優賞
ベストファンタジーフィルム
2016年
サターン賞
ベスト DVD、Blu-ray

製作作品

UN　EMBRUJO
［キャスト］
ブランカ・グエッラ　マリオ・サラゴザ
［スタッフ］
監督　カリオス・カレラ
原作　マルセル・シスニエガ
脚本　カリオス・カレラ
マルタン・サリナス
1998年　メキシコ映画　130分
受賞
1999年
メキシコ　アリエル・アワード9部門受賞

タブロイド
CRÓNICAS
［キャスト］
ジョン・レキツアモ　ダミアン・アルカザール
［スタッフ］
製作総指揮　ジェームス・オルドネッツ
フリーダ・トレスビアンコ
製作　(他に)アルフォンソ・キュアロン
イザベル・ダバロス
ベルタ・ナバロ
ホルヘ・ベルガラ
監督・脚本　セバスチャン・コルデロ
撮影　エンリケ・チェディアク
美術　ユージニオ・キャバレロ
編集　ルイス・カルバラー
イバン(IVAN)・モラ・マンザノ
衣裳　モニカ・ルイズ・ジーグラー
音楽　アントニオ・ピント
2004年　98分
受賞
2007年
メキシコ　アリエル・アワード
最優秀男優賞(ダミアン・アルカザール)

HELLBOY ANIMATED: SWORD OF STORMS
2006年　アメリカ
アニメーション　TV 映画　77分
(クリエイティブ・プロデューサー)

HELLBOY ANIMATED: BLOOD AND IRON
2007年　アメリカ
アニメーション　TV 映画　75分
(クリエイティブ・プロデューサー)

HELLBOY ANIMATED: IRON SHOES
2007年　アメリカ
アニメーション　TV 映画　3分　ショート
(クリエイティブ・プロデューサー)

ルド　and　クルシ
RUDO Y CURSI
［キャスト］
ガエル・ガルシア・ベルナル　ディエゴ・ルナ
ギジェルモ・フランチェラ　ドロレス・エレディア
［スタッフ］
製作　(他に) アルフォンソ・キュアロン
アレクサンドロ・ゴンザレス・イニャリトゥ
フリーダ・トレスブランコ
監督・脚本　カルロス・キュアロン
撮影　アダム・キンメル
美術　ユージーニョ・キャバレロ
編集　アレックス・ロドリゲス
衣裳　アナイ・ラモス
ダビッド・ルイス・ガメロス
音楽　レオンシオ・ララ
フェリッペ・ペレス・サンティアゴ
2008年　メキシコ映画　106分

COSAS INSIGNIFICANTES

［キャスト］
ジョナサン・ブラヴォ
レジーナ・デ・ロス・コボス
［スタッフ］
監督・脚本　アンドレア・マルチネス
2008年　98分
受賞
ビアリッツ国際ラテンアメリカンシネマ映画祭
　観客賞

RABIA

［キャスト］
マルティナ・ガルシア
グスタボ・サンチェス・パラ
［スタッフ］
監督　セバスチャン・コルデロ
原作　セルジオ・ビッジオ
脚本　セバスチャン・コルデロ
2009 年　89分
受賞
2009年　東京国際映画祭　特別7月賞
2010年　グアダラハラ国際映画祭　脚本賞
2010年
　マラガスパニッシュ映画祭
　　作品賞
　　脚本賞
　　主演男優賞
　　助演男優賞

ロスト・アイズ
JULIA'S EYES

［キャスト］
ベレン・ルエダ　ルイス・ホマー
パブロ・デルキ　フランセス・クオレラ
ジョーン・ダルモー
［スタッフ］
製作総指揮　リカルド・ガルシア・アローホ
製作　(他に)フアン・カルロス・カロ
　　　ホアキン・パドロ
　　　マー・タルガローナ
　　　ペペ・トレスキューサ
監督　ギジェム・モラレス
脚本　ギジェム・モラレス　オリオル・パウロ
撮影　オスカー・ファウラ
美術　バルター・ギャラート
編集　ホアン・マネル・ビラセカ
衣裳　マリア・レイエス
音楽　フェルナンド・ベラスケス
2010年　国?　118分

MEGAMIND
2010年　95分
(クリエイティブ・コンサルタント)

LA DELGATA LINEA AMARILLA
2015年　メキシコ映画　95分

カンフー・パンダ2
KUNG FU PANDA 2

Blu-ray：1,886円＋税
DVD：1,429円＋税
発売元：NBC ユニバーサル・エンターテイメント

2011年　アメリカ　アニメーション　90分
(クリエイティブ・コンサルタント)

DINNER
2014年　アメリカ
7分　ショート

ブック・オブ・ライフ ～マノロの数奇な冒険～＜特別編＞
THE BOOK OF LIFE

DVD［発売中］
20世紀フォックス ホーム エンターテイメント ジャパン

［キャスト］(声の出演)
ディエゴ・ルナ　ゾーエ・サルダナ
チャニング・テイタム　ロン・パールマン
クリスティーナ・アプルゲイト
ギジェルモ・デル・トロ
［スタッフ］
製作総指揮　キャリー・グラナット
　　　　　　アロン・ワーナー
　　　　　　チャック・ペル
製作　(他に)　アーロン・バーガー
　　　ブラッド・ブッカー
　　　カリーナ・シュルッツェ
監督　ホルヘ・R・グッティレッツ
脚本　ホルヘ・R・グッティレッツ
　　　ダグ・ランデール
美術　ポール・サリバン
　　　サイモン・ワルディミル
編集　アーレン・ショー
音楽　ギュスタボ・サンタオラーラ
2014年　アメリカ　アニメーション　95分

AYOTZINAPA, EL PASSO DE LA TORTUGA
2018年　メキシコ　ドキュメンタリー

パシフィック・リム　アップライジング
PCIFIC RIM UPRISING

Blu-ray：1,886円＋税
DVD：1,429円＋税
発売元：NBC ユニバーサル・エンターテイメント

［キャスト］
ジョン・ボイエガ　菊地凛子
スコット・イーストウッド　ケイリー・スピーニー
チャーリー・デイ　バーン・ゴーマン
チャン・ジン　ジン・ティエン
アドリア・アルホナ
［スタッフ］
製作総指揮　ホップミン・チェン
　　　　　　ドリー・ウー
　　　　　　エリック・マクレオド
製作　(他に)　ジョン・ボイエガ
　　　ケイル・ポイター
　　　ジョン・ジャシュニ
　　　フェミ・オーガンズ
　　　メアリー・ペアレント
　　　トーマス・タル
監督　スティーヴン・S・デナイト
キャラクター製作　トラビス・ビーチャム
脚本　スティーヴン・S・デナイト
　　　エミリー・カーマイケル
　　　キラ・スナイダー
　　　T・S・ノーリン
撮影　ダン・ミンデル

美術　ステファン・デシャン
編集　ディラン・ハイスミス
　　　ジョシュ・シャファー
　　　ザック・ステンバーグ
衣装　リズ・ウルフ
音楽　ローン・バルフ
2018年　アメリカ　映画　111分

製作総指揮作品

エルリンダ夫人とその息子
DOÑA HERLINDA Y SU HIJO

[キャスト]
グアダルーペ・デル・トロ（タイトルロール）
[監督]
ハイメ・ウンベルト・エルモシージ
1985年　メキシコ映画　90分

ASESINO ENSERIO
2002年　84分

アライブ
WHILE SHE WAS OUT

[キャスト]
キム・ベイシンガー　ルーカス・ハース
クレイグ・シェファー　ジャミー・スタール
[スタッフ]
製作総指揮　（他に）クリスチャン・アーノルド・ボーテル
　　　　　　キム・ベイシンガー
　　　　　　マイケル・A ディマノ
　　　　　　サミュエル・H・フランケル
　　　　　　クリスチャン・ハルセイ・ソロモン
　　　　　　ティム・マックグラス
　　　　　　R・スコット・レイド
　　　　　　デイヴィッド・ローセル
　　　　　　ダニエル・J・B・テイラー
製作　アリ・アボーマー
　　　マリー・アロエ
　　　スーザン・モンフォード
　　　ドン・マーフィ
　　　カーク・ショー
監督　スーザン・モンフォード
脚本　スーザン・モンフォード
　　　エドワード・ブライアント
撮影　スティーヴ・ゲイナー
美術　パトリック・バニスター
編集　ウィリアム・M・アンダーソン
衣裳　シンシア・アン・サマーズ
音楽　ポール・ハスリンガー
2009年　アメリカ　86分

永遠のこどもたち
THE ORPHANAGE

DVD：1,429円＋税
発売元：NBC ユニバーサル・エンターテイメント

[キャスト]
ベレン・ルエダ　フェルナンド・カヨ
ロジェ・プリンセプ　マベル・リベラ
[スタッフ]
製作　アルバロ・オーグスティン
　　　ホアキン・パドロ　マー・タルガロナ
監督　J・A・バヨナ
脚本　セルヒオ・G・サンチェス
撮影　オスカー・ファウラ
美術　ジョセップ・ロセル
編集　エレナ・ルイス
衣裳　マリア・レイジェス
音楽　フェルナンド・ベラスケス
2007年　108分
受賞
2007年
　バルセロナ・フィルム・アワード
　　作品賞
　　主演女優賞
　　新人監督賞
　　脚本賞
　　編集賞
　　アートディレクション賞
　　音響賞

スプライス
SPLICE

Blu-ray：3,800円＋税
発売元：クロックワークス
販売元：ポニーキャニオン

[キャスト]
エイドリアン・ブロディ　サラ・ポーリー
デルフィーヌ・シャネアック
ブランドン・マクギボン
シモーナ・メカネスキュ
デイヴィッド・ヒューレット　アビゲイル・チェ
[スタッフ]
製作総指揮　（他に）イブ・シュヴァリエ
　　　　　　シドニー・デュマ
　　　　　　スーザン・モンフォード
　　　　　　ドン・マーフィー
　　　　　　クリストフ・ランデ
　　　　　　ジョエル・シルヴァー
製作　スティーヴン・ホバン
原案　ヴィンチェンゾ・ナタリ
　　　アントニエッテ・テリー・ブライアント
監督　ヴィンチェンゾ・ナタリ
脚本　ヴィンチェンゾ・ナタリ
　　　アントニエッテ・テリー・ブライアント
　　　ダグ・テイラー
撮影　テツオ・ナガタ（永田鉄郎）
美術　トッド・ケミオースキー
編集　ミシェル・コ
衣裳　アレックス・カバナフ
音楽　シリル・オーフォー
2009年　カナダ・フランス映画 104分
受賞
2011年
　カナディアン・シネマ・エディターズ　アワード
　　編集賞
　カナダ監督協会賞
　　編集賞

長ぐつをはいたネコ
PUSS IN BOOTS

Blu-ray：1,886円＋税
DVD：1,429円＋税
発売元：NBC ユニバーサル・エンターテイメント

[キャスト]（声の出演）
アントニオ・バンデラス　サルマ・ハエック
ザック・ガリフィアナキス
ビリー・ボブ・ソーントン　エイミー・セダリス
コンスタンス・マリー　マイク・ミッチェル
ギジェルモ・デル・トロ

［**スタッフ**］
製作総指揮　（他に）アンドリュー・アダムソン
　　　　　　ミシェル・レイモ
製作　ラティファ・ワウ　ジィー・M・アギラー
監督　クリス・ミラー
原案　ブライアン・リンチ
　　　ウィリアム・デイヴィス
　　　トム・ウィーラー
脚本　トム・ウィーラー
　　　チャールズ・パーロー
編集　エリック・タプケウィクツ
音楽　ヘンリー・ジャックマン
2011年　アメリカ
アニメーション映画　90分
受賞
2012年　サターン賞　ベストアニメーション

THE CAPTURED BIRD

2012年　10分　ショート

ガーディアンズ　伝説の勇者たち
RISE OF THE GUARDIANS

DVD：1,429円＋税
発売元：NBC ユニバーサル・エンターテイメント

［**キャスト**］（声の出演）
クリス・パイン　アレック・ボールドウィン
ヒュー・ジャックマン　ジュード・ロウ
アイラ・フィッシャー　ダコタ・ゴヨ
カマニ・グリフィン　カミル・マクファドゥン
［**スタッフ**］
製作総指揮　（他に）マイケル・シーゲル
　　　　　　ウィリアム・ジョイス
製作　ナンシー・バーンステイン
　　　クリスティーナ・スタインバーグ
監督　ピーター・ラムジー
原作　ウィリアム・ジョイス
脚本　デイヴィッド・リンゼイ・アベア
編集　ジョイス・アウラスティア
音楽　アレクサンドラ・デスプラ
2012年　アメリカ　3DCG アニメーション
受賞
2012年　AAFCA　ベストアニメーション

MAMA
MAMA

Blu-ray：1,886円＋税
DVD：1,429円＋税
発売元：NBC ユニバーサル・エンターテイメント

［**キャスト**］
ジェシカ・チャスティン
ニコラ・コスター・ワルドー
ミーガン・シャルパンティエ
イザベル・ネリッセ　ダニエル・カッシュ
ハビエル・ボテット
［**スタッフ**］
製作　J・マイルス・デイル
　　　バーバラ・ムスキエティ
監督　アンディ・ムスキエティ
脚本　ニール・クロス
　　　アンディ・ムスキエティ
　　　バーバラ・ムスキエティ
撮影　アントニオ・リエストラ
美術　アナスターシア・マサロ
編集　ミシェル・コンロイ
衣裳　ルイス・セキーラ
音楽　フェルナンド・ベラスケス
2013年　アメリカ映画　100分
受賞
2014年
　ASCAP フィルム＆テレビジョン　ミュージック　アワード
　　ASCAP アワード 興行トップ

カンフー・パンダ３
KUNG FU PANDA3

Blu-ray：1,886円＋税
DVD：1,429円＋税
発売元：NBC ユニバーサル・エンターテイメント

［**キャスト**］（声の出演）
ジャック・ブラック　ダスティン・ホフマン
アンジェリーナ・ジョリー　ジャッキー・チェン
ケイト・ハドソン　J・K・シモンズ
ルーシー・リュー
ジャン・クロード・ヴァンダム　セス・ローガン
［**スタッフ**］
製作総指揮　（他に）ペイカン・ラ
　　　　　　ルイ・ガン・リー
　　　　　　マイク・ミッチェル
製作　メリッサ・コブ
監督　アレッサンドロ・カリオニ
　　　ジェニファー・ユー・ネルソン
脚本　ジョナサン・エイベル
　　　グレン・バーガー
美術　レイモンド・ジバック
編集　クレア・ナイト
音楽　ハンス・ジマー
2016年　アメリカ　アニメーション　95分
受賞
2017年
　ASCAP フィルム＆テレビジョン　ミュージック　アワード
　　ASCAP アワード 興行トップ

アソシエイト・プロデューサー作品

BIUTIFUL ビューティフル
BIUTIFUL

DVD：3,800円＋税
発売元：ファントム・フィルム
販売元：アミューズソフト

［**キャスト**］
ハビエル・バルデム　マリセル・アルバレス
ハナー・ブーチャイブ
ギジェルモ・エストレラ
エデュアルド・フェエルナンデス
［**スタッフ**］
製作総指揮　デイヴィッド・リンデ
製作　フェルナンド・ボベイラ
　　　ジョン・キリク
原案　アレハンドロ・ゴンザレス・イニャリトゥ
監督　アレハンドロ・ゴンザレス・イニャリトゥ

脚本　アレハンドロ・ゴンザレス・イニャリトゥ
ニコラス・ジャコボーン
アーマンド・ボー
撮影　ロドリゴ・プリエト
美術　ブリギッテ・ブロシュ
編集　ステファン・ミリオン
衣裳　ビナ・デイゲラー
音楽　ギュスタボ・サンタオララ
2010年　148分
受賞
2011年
メキシコ　アリエル・アワード　脚本賞

出演作品 （クレジットなし・シーンカット除く）

BULLFIGHTER
監督　ルネ・ベンディクセン
2000年
（ブルボーイ＃2役）

デンジャラス・デイズ　メイキング・オブ・ブレードランナー
DANGEROUS DAYS：MAKING BLADE RUNNER
監督　チャールズ・デ・ラウジリカ
2007年　アメリカ　ドキュメンタリー
（本人）

トレーラーズ・フロム・ヘル
TRAILERS FROM HELL

DVD
2007年〜　アメリカ
TV シリーズ　トークショー
（本人）

QUANTUM OF SOLACE
2008年
（声のみ）

ダーク・フェアリー
DON'T BE AFRAID OF THE DARK
2010年
（声のみ）

EL SANTOS VS LA TETONA MENDOZA
2012年
（声のみ）

EXTRAORDINARY TALES
2013年
（ナレーター）

IT' S ALWAYS SUNNY IN PHILADELPHIA
2012年・2016年　TV シリーズ
（PAPPY MCPOYLE 役）

TROLLHUNTERS
2016年〜 2018年　TV シリーズ
（SEÑOR MUELAS 役）

MICKEY AND THE ROADSTER RACERS
2018年　TV シリーズ
（MR.TALBOT 役）

シンプソンズ
THE SIMPSONS
「101 MITIGATIONS」
監督　マイク・B・アンダーソン
マーク・カークランド
2019年　アメリカ
アニメーション TV シリーズ
（声のみ）

NECESSARY EVIL DC スーパー・ヴィラン
NECESSARY EVIL：SUPER-VILLAINS OF DC COMICS

Blu-ray：2,381円＋税
ワーナー・ブラザース ホームエンターテイメント
2013年　アメリカ　ドキュメンタリー
（本人）

Filmmakers 19 Guillermo del Toro

ギジェルモ・デル・トロ
完全データ・ファイル

フィルモグラフィ
編集部

執筆者紹介

50音順

いわためぐみ
アトリエサード所属。本を造る箏弾き。文学フリマ前橋事務局代表。「トーキングヘッズ叢書」の編集として「身体、アジア、ジェンダー」をキーワードに亀のごとき刊行ペースで本を作っている。

ヴィヴィアン佐藤
［う゛いう゛いあん・さとう］
美術家、文筆家、非建築家、ドラァグクイーン、プロモーター。ジャンルを横断して独自の見解ですべて分析。自身の作品制作発表のみならず、「同時代性」をキーワードに映画や演劇、都市など独自の芸術論で批評を展開。サンミュージック提携。

荻野洋一［おぎの・よういち］
テレビ各局で番組を演出しつつ、「キネマ旬報」「リアルサウンド映画部」「NOBODY」などで映画評論を連載。また、創刊時から休刊まで「カイエ・デュ・シネマ・ジャポン」編集委員をつとめた数少ない一人。

切通理作［きりどおし・りさく］
批評家。デル・トロへの言及から始まる「無冠の巨匠・本多猪四郎」を洋泉社より刊行したことも。

金原由佳［きんばら・ゆか］
映画ジャーナリスト。著書に映画評論集「ブロークン・ガール」（フィルムアート社）。共著に日本映画の黄金期を支えた美術監督のアートワークを紹介する「伝説の映画美術監督たち×種田陽平」（スペースシャワーネットワーク）。「フィルムメーカーズ⑱スティーヴン・スピルバーグ」に寄稿。

佐藤佐吉［さとう・さきち］
脚本家・監督・俳優。1999年『金髪の草原』にて脚本家デビュー。『殺し屋1』『牛頭』『オー！マイキー』など、話題作の脚本を手がけ2005年『東京ゾンビ』にて監督デビュー。最近では満島ひかり主演『お勢登場』(NHK)の演出、『麻雀放浪記2020』の脚本を手がけた。

佐藤利明［さとう・としあき］
娯楽映画研究家。1963年生まれ。デル・トロ作品に感じる親近感は同世代ゆえでもあるが、彼の視点に大いに共感！『パンズ・ラビリンス』はダークな『オズの魔法使』でもある！

猿渡由紀［さるわたり・ゆき］
女性誌編集者（映画担当）を経て渡米。L.A.をベースに、ハリウッドスター、映画監督のインタビュー記事や、撮影現場レポート、ハリウッド事情のコラムを、「週刊文春」「ハーパース・バザー」他の雑誌や新聞、東洋経済オンライン、Yahoo、シネマトゥデイなどウェブサイトに寄稿する。

じんのひろあき
脚本家・映画監督・演出家。1990年版『櫻の園』でキネ旬脚本賞、日本アカデミー優秀脚本賞、ヨコハマ映画祭脚本賞。劇団ガソリーナ主宰。映画の最新作は『唇からナイフ』。次回作『また会おうとサンタはいった』準備中。

添野知生［そえの・ちせ］
映画評論家。1962年生まれ。東京ファンタのオールナイトで『ミミック』を見た時の興奮はよく憶えている。「現代を舞台にした怪獣映画」「監督の若さの勝利」と評に書いた。あれから22年も経つとはね。

高橋良平［たかはし・りょうへい］
SF批評家。編書「伊東典夫翻訳SF傑作選　最初の接触」（ハヤカワ文庫SF）が5月下旬発売です。買って下さいね。

立田敦子［たつた・あつこ］
映画評論家／ジャーナリスト。雑誌、WEBなどで映画批評、インタビュー、コラムを寄稿する他TV,ラジオ出演も。映画メディア「Fan's Voice」を主宰。著書に「どっちのスター・ウォーズ」（中央公論新社刊）、共著に「おしゃれも人生も映画から」（中央公論新社刊）。

友成純一［ともなり・じゅんいち］
映画評論家。バリ島在住。先日（4月12日）、『ヘルボーイ』新作をこちらのシネコンのVIPシートで。デル・トロ監督でもロン・パールマン主演でもないんだが、コレはコレで凄え面白かったです。

深泰勉［ふかやす・つとむ］
ホラーとSFを中心に、世界中の怪異な映画史とペナンガランや姑獲鳥など東南アジアのお化け映画を専門にする怪異系フリーライター。

いつかデル・トロ監督と世界のお化け映画の話をしてみたいものです。

藤本紘士［ふじもと・ひろし］
1978年3月3日生まれ。作家。「白鴉（はくあ）」「babel」同人。非正規労働者として働きつつ、それぞれ「白鴉」に小説、「babel」に詩を発表。過去に尾本善治名義で第8回文芸思潮まほろば賞優秀賞を受賞。
https://fujimoto-h.tumblr.com/

三留まゆみ［みとめ・まゆみ］
イラストライターなど（映画よろず屋稼業）。著書に「三留まゆみの映画缶」（キネマ旬報社）、「ブライアン・デ・パルマ　World is yours」（監修／洋泉社）など。『手塚眞映像術』（2018）に「聞き手」で参加。

ミルクマン斉藤
［みるくまん・さいとう］
1963年京都生、映画評論家。デザイン集団「groovisions」の、唯一デザインしないメンバー。現在、京都・四条烏丸のセレクトショップ「三三屋」で月イチ・トークライヴ「ミルクマン斉藤のすごい映画めんどくさい映画」を主宰。

鷲巣義明［わしず・よしあき］
映画文筆家。映画宣伝会社を経て、フリーの映画文筆業に転身。雑誌・書籍・映画ソフトのブックレット・映画パンフレットなどに執筆。主な著書「ホラーの逆襲／ジョン・カーペンターと絶対恐怖監督たち」「恐怖の映画術／ホラーはこうして創られる」など。

大森 望 Ohmori Nozomi
1961年、高知市生まれ。京都大学文学部卒業。書評家、SF翻訳家、アンソロジスト。責任編集の『NOVA』全10巻で第34回日本SF大賞特別賞、第45回星雲賞自由部門受賞。著書に、『新編 SF翻訳講座』、『現代SF観光局』(以上、河出書房新社)、『20世紀SF1000』など。訳書に、ギレルモ・デル・トロ&チャック・ホーガン『沈黙のエクリプス』、フィリップ・K・ディック『ザップ・ガン』『銀河の壺なおし』、コニー・ウィリス『航路』『ドゥームズデイ・ブック』『クロストーク』(以上、早川書房)など多数。

[写真提供]
NBCユニバーサル・エンターテイメント/20世紀フォックス・ホームエンターテイメント(株)/ワーナー・ブラザーズ・ホームエンターテイメント/株式会社アミューズ/ポニーキャニオン/TCエンタテイメント株式会社/アフロ

Filmmakers ⑲
Guillermo del Toro

フィルムメーカーズ[19] ギジェルモ・デル・トロ

発行日=2019年6月15日
発行者=宮下玄覇
責任編集=大森 望
企画編集=西田宣善
編　　集=田村由美
編集協力=金原由佳、岩田 恵
DTP=西尾昌也
協力=株式会社キネマ旬報社

ISBN 978-4-8016-0204-5 C0474

発行=株式会社宮帯出版社
京都本社 〒602-8157 京都市上京区小山町908-27
(代表)075-366-6600　(直通)075-803-3344
東京支社 〒160-0008 東京都新宿区四谷三栄町8-7
(代表)03-3355-5555

印刷・製本=モリモト印刷